发掘潜能，展开想象翅膀；寓教于乐，拓宽知识视野。推理游戏
思维敏捷力和逻辑推理水平，在游戏中享受推理的魅力，

华业 \ 主编

学生书架

中国学生不可不玩的

推理游戏

图书在版编目（CIP）数据

中国学生不可不玩的推理游戏／华业主编．

北京：石油工业出版社，2011.11

（学生书架）

ISBN 978-7-5021-8672-2

Ⅰ.中…

Ⅱ.华…

Ⅲ.①智力游戏－青年读物　②智力游戏－少年读物

IV.G 898.2

中国版本图书馆 CIP 数据核字（2011）第 180940 号

学生书架：中国学生不可不玩的推理游戏

华业　主编

出版发行：石油工业出版社

　　　　（北京安定门外安华里 2 区 1 号楼　100011）

　　　　网　址：www.petropub.com.cn

　　　　编辑部：（010）64523559　营销部：（010）64523603

经　　销：全国新华书店

印　　刷：北京紫瑞利印刷有限公司

2012 年 1 月第 1 版　2020 年 9 月第 2 次印刷

710×1000 毫米　开本：1/16　印张：11

字　　数：168 千字

定　　价：48.00 元

（如出现印装质量问题，我社发行部负责调换）

学生打架

推理游戏

开动大脑启发智慧

中国学生不可不玩的推理游戏

你紧绷着神经，不敢漏掉一个关键词，经过一番认真地分析、推理，你终于从迷雾似的案件中找到了真凶！你会为此而欢呼雀跃，而你的智慧也会为你带来荣誉和成功。

推理是由一个或几个已知的判断推出一个新判断的思维过程。例如"客观规律总是不以人们的意志为转移的，经济规律是客观规律，所以，经济规律是不以人们的意志为转移的"，这段话就是一个推理。其中"客观规律总是不以人们的意志为转移的"和"经济规律是客观规律"是两个已知的判断，从这两个判断推出"经济规律是不以人们的意志为转移的"这样一个新的判断。任何一个推理都包含已知判断、新的判断和一定的推理过程。其中推理的已知判断叫前提，根据前提推出新的判断叫结论。前提与结论的关系是理由与推断、原因与结果的关系。按推理过程的思维方向划分，推理主要包括演绎推理、归纳推理和类比推理。

《中国学生不可不玩的推理游戏》精选了经典的推理游戏，主要通过推理游戏提高同学们的推理水平，进一步提升思维敏捷力，拓展逻辑推理水平，在游戏中享受推理的魅力，体验学习的乐趣。

本书按照游戏题的难易程度分为三部分：新手上路、高手进阶和推理达人。新手上路为推理游戏的初级入门阶段，内容简单，便于掌握。简单的故事情节与谜题可以激发你的推理潜能，拓展你的思维空间，从而使你能以最快的速度进入推理游戏的角色；高手进阶为推理游戏的中级阶段，所涉及的游戏题虽然有些难度，但是通过仔细分析与推理就可以得到答案，从而可以进一步提高你的推理能力；推理达人为推理游戏的终极阶段，这部分游戏题的难度明显增大，但是得到的乐趣也是最多的，可全方位地提升你的推理能力。

在这些有趣的游戏训练中，你必须调动每一根神经，细心地跟踪故事情节中有意无意透露的信息，稍一疏忽就会漏掉关键词，以致很难推动后面情节的发展。在阅读时，你会参与到案件中去，在拨开"迷雾"的过程中，享受惊悚神秘所带给你的想象快感。

目录

新手上路

推理训练指数：☆☆☆

[答案]

高手进阶

推理训练指数：☆☆☆☆

[答案]

推理达人

推理训练指数：☆☆☆☆☆

[答案]

新手上路

推理训练指数：☆☆☆

TUILIYOUXI
XINSHOUSHANGLU

　　本部分为推理游戏的初级阶段，内容较简单，便于掌握。简单的故事情节与有趣的游戏题可以激发你的推理潜能，拓展你的思维空间，从而使你能以最快的速度进入推理游戏的角色，掌握推理游戏的入门技巧，从而不断提升自己的推理能力。

 你相信吗

一天，小李给张律师讲了个故事。

小李说道："在十分炎热的一天，张飞和李逵一起来到佛堂做祷告。在做祷告的过程中，李逵突然睡着了，而且还做起了梦，他梦见自己是一个即将上断头台的罪人，当老和尚为他做完祷告后，刽子手立刻就将他的头放进了大铡刀内……就在这紧要关头，张飞发现李逵睡着了，他就很大声地叫醒他，而李逵也因此吓死了！"

张律师问："讲完了吗？如果讲完了，你就走吧！反正我不相信！"

聪明的读者，如果是你，你相信吗？为什么？

 神奇的算式

一天，张大侦探要到一名数学教授家去做客，主要是去了解关于昨天的一起银行抢劫案的事情。

张大侦探在约定的时间到了教授的家门口，当他正准备按门铃的时候，他发现家门是半开着的，便走进了教授的家中。

他坐在了客厅的沙发上，没有看见教授本人。把整个客厅扫了一遍之后，他的目光停在了一台台式电脑的荧屏

上，这时是计算状态，上面显示着一道数学题："101×5"。张大侦探看了觉得十分纳闷，这么简单的算式，教授还要用计算器吗？

突然，张大侦探从这道式子中觉察到了什么，立即拨打了110。

聪明的读者，快来转动脑筋想想吧！

 自投罗网

有一天，一个商人带着许多货物到外地做生意。他刚出城没多远，走到一片树林中，忽然被一个穿着一身黑衣，骑着一匹四蹄踏雪黑马的年轻人拦住，并将他的钱全都抢走了。商人没有办法，只好返回城去报案。警察仔细分析了案情之后，认定强盗就是这个城里的人，但一搜捕必定会打草惊蛇。警察便定下妙计，等强盗的母亲前来。果然不出警察所料，第二天强盗的母亲就来了，从她口中得知了强盗的下落，警察立即派人将他抓捕归案。

聪明的读者，警察究竟用什么妙计使强盗的母亲不请自来了呢？

 沙漠死尸

有一个人在沙漠中，头朝下死了，身边散落着几个行李箱子，而这个人手

里紧紧地抓着半根火柴。

聪明的读者，这个人是怎么死的？

半夜的敲门声

一个人住在山顶的小屋里，一天夜里听见有人敲门，他打开门却没有人，于是就去睡了，过了一会又有敲门声，去开门，还是没人，就这样重复了好几次。第二天，有人在山脚下发现一具死尸，警察把山顶的那个人带走了。

聪明的读者，你知道这是为什么吗？

8号电话亭

新来的维修工负责维修某地段内电话亭的电话机。他总共负责15个电话亭。部门主管告诉他，前八个电话亭有五个都需要修理，并且让他先试修其中的一个。

维修工听了之后，直接朝8号电话亭走去。

聪明的读者，你知道这是为什么吗？

谁是凶手

周童、李三、王小伟和康吉四名犯罪嫌疑人因一起谋杀案而被警方审讯。他们的口供如下：

周童："是李三干的。"

李三："是康吉干的。"

王小伟："我没有杀人。"

康吉："李三在撒谎。"

这四个人中，只有一个人说了真话。那么，警方会判定是谁杀了人呢？聪明的读者，你猜出来了吗？

怎样过桥

一位司机开车来到一座桥前。他观察到，想要顺利通过这座桥，车的载重量不能超过20吨，而自己的搬运车净重就已达20吨，更何况车里还运载了200只鸽子。每一只重1千克。这位司机绞尽脑汁地想该如何过桥。突然，他灵机一动，把车停下来后，用力地敲打着车子的钢板，尽量把那些正在憩息的鸽子们吵醒，让它们在车厢内飞来飞去，然后才放心地开着车过了桥。

聪明的读者，你认为他的做法正确吗？

射击得分

夏尔森上校、吉克少校和库尔将军正在进行射击训练。训练结束后，他们各自宣布了自己的成绩。

夏尔森上校说："我得了180分，比少校少了40分，但是比将军多

20分。"

吉克少校说："我的得分不算最低。我的得分与将军的差距是60分。将军得了240分。"

库尔将军说："我的得分比上校少，上校得了200分。而少校比上校多60分。"

其实，他们三个人在宣布自己的成绩时都有一处错误。

聪明的读者，你知道他们的分数各是多少吗？

 年龄

现在，老赵的年龄是他女儿年龄的4倍。再过20年，老赵就只是她女儿年龄的2倍了。聪明的读者，你知道老赵父女现在各是多少岁吗？

 不起飞的飞机

有一架飞机正要从一个机场飞往另外一个机场，但奇怪的是它竟然不飞起来，而是在陆地上行驶。如果飞机完全没有故障，那么这是为什么呢？

聪明的读者，你知道吗？

 两个间谍

星期天，间谍A和间谍B先后潜入研究室。后到的间谍看到保险柜是

空的，"糟糕，晚来了一步！"他十分后悔。

由于两人是从同一个窗户进来的，所以隐蔽的摄像机清晰地摄下了他们进来时的情景。

那么，先进来的间谍是A，还是B？

间谍A　　　　间谍B

聪明的读者，你猜到了吗？

 谁是农场主

巴特、安达、罗涵和杰克4位先生，分别是货车司机、管家、农场主和猎人。但姓名无法说明他们的身份。为了说明各自的身份，他们每个人说了一句话：

巴特先生是一个猎人。

罗涵先生是一个货车司机。

安达先生不是一个猎人。

杰克先生不是一个管家。

如果根据这些话判断，那安达先生一定就是管家了，但这其实是不正确的，因为上述四句话中，有三句话是谎言。那么，到底谁才是农场主？

聪明的读者，你猜到了吗？

几个囚犯

一位狱警负责看守许多的囚犯。吃饭时，他得安排他们分别坐在桌子旁边。入座的规则如下：

（1）每张桌子旁所坐着的囚犯人数相同。

（2）每张桌子旁所坐的囚犯人数都是奇数。

在囚犯入座后，狱警发现：

每张桌子坐3人，就会多出2个人；每张桌子坐5人，就会多出4个人；每张桌子坐7人，就会多出6个人；每张桌子坐9人，就会多出8个人；但每张桌子坐11个人时，就没有人多出。

那么，实际上一共有多少个囚犯？

聪明的读者，你猜到了吗？

两个方案

公司向某员工提供了两个加薪方案，要求他从中选择一个。第一个方案是12个月后，在20000元的年薪基础上每年提高500元；第二个方案是6个月后，在20000元的年薪基础上每半年提高125元。不管是选哪一种方案，公司都是每半年发一次工资。

聪明的读者，你觉得哪个方案更合适？

出错的闹钟

从我现在住处的窗口往外看，可以看到镇上的大钟。每天，我都要将自己的电子闹钟按照大钟上所显示的时间校对一遍。通常情况下，两个闹钟上的时间是一样的，但有一天早上，却发生了一件奇怪的事情：我的电子闹钟显示为差5分钟到9点；1分钟后显示为差4分钟到9点；但再过2分钟时，仍显示为差4分钟到9点；又过了1分钟时，电子闹钟则显示为差5分钟到9点。

一直到了9点钟，我才突然醒悟过来，到底是哪里出了错。

聪明的读者，你知道是什么原因吗？

聪明的船长

A国和B国之间的战争一直持续了数百年，战乱使得两国的百姓都不得安宁。为了促使两国人民和平相处，经过协商，两国国王签署了一项法令，明确规定所有来往于两国之间的商船上，都必须同时有来自两国的船员，而且其人数必须相等。在某个具有历史意义的日子里，这样的船终于开始航行了。这艘商船上共有船员30人：15个A国人和15个B国人，船长则是强壮而冷酷无情的B国人。出航没多久，船就遇上了风暴，受到了严重的损坏。船长表示，唯一能救这艘船的办法，就是把一半的船员扔下海，以便减轻船的负荷。为了公平起见，他让船员们抽签决定：所有人都站成一排，由船长读数，每数到第九的船员就被扔下水。大家都同意了这个办法。

奇怪的是，采用这种办法被扔下水的船员，全是A国人，没有一个B国人。船长是怎么将船员进行排列的？

聪明的读者，你知道吗？

 聪明的小孩

有一家人决定搬到城里居住，于是去找房子。这家三口人，夫妻两个人和一个5岁的孩子。

他们找了一天，直到傍晚，才好不容易看到一张公寓出租的广告。广告中涉及的房子的位置及价格都令他们很满意。于是，这家人就前去敲门询问。这时，房东出来，对这三位客人从

上到下地打量了一番。丈夫鼓起勇气问道："这房屋出租吗？"房东遗憾地说："啊，实在对不起，我们公寓不招有孩子的住户。"丈夫和妻子听了，一时不知如何是好，于是，他们默默地走开了。那个5岁的孩子把事情的经过从头至尾都看在了眼里。这个孩子想：真的就没办法了？他思考了一会儿就又去敲房东的大门。丈夫和妻子已走出5米来远，他们停下了脚步，不知孩子要做什么。门开了，房东又出来了。这孩子精神抖擞地对房东说了一番话，房东听了之后，高声笑了起来，决定把房子租给他们住。

请问：这位5岁的小孩子说了什么话，终于说服了房东？

聪明的读者。你知道吗？

 如何赢得比赛

在某次篮球比赛中，甲队与乙队正在进行一场关键性的比赛。对甲队来说，需要赢乙队6分，才能在小组出线。现在离终场只有6秒钟了，但甲队只赢了2分。要想在6秒钟内再赢乙队4分，显然是不可能的了。

聪明的读者，如果你是教练，你肯定不会甘心认输，如果允许你有一次叫停的机会，你会给场上的队员出个什么

主意，才有可能赢乙队 6 分？

巧妙的分法

有 24 斤油，现在只有盛 5 斤、11 斤和 13 斤的容器各一个，如何才能将油分成三等份？

有毒的威士忌

一天晚上，律师马强在一家酒吧的柜台前喝酒，在酒吧快要打烊时，店主的弟弟走了进来。

"嘿，好久不见，喝一杯吧。"店主兑了一杯掺有苏打水和冰块的混合威士忌递给了弟弟，而弟弟却不喝。他俩是同父异母的兄弟，因为正为亡父的遗产继承权打官司，所以弟弟怕被哥哥毒死，处处提防着。

"好容易兑的，你怎么不喝呢？怕我在酒里投毒吗？那好，你要是信不过，我先喝。"说着，哥哥拿起酒杯就喝下去一半，然后又把酒杯递给了弟弟。

事已至此，弟弟也不好再拒绝了。同时他看到哥哥喝了之后并没有什么异常，也就没有了疑虑，便小心翼翼地端起酒杯，慢慢地品尝那剩下的半杯混合威士忌。

可是，弟弟刚喝完那半杯威士忌，毒性突然发作，立即死去了。看到这突如其来的事件，律师马强很是吃惊。

同一酒杯中的混合威士忌，哥俩一人喝一半，为什么哥哥安然无恙，而弟弟却中毒而亡了呢？简直令人不可思议。

不过，马强不愧是"酒仙"名探，他半睁开蒙眬的醉眼，看了看那只空酒杯，当场就识破了这个巧妙的投毒杀人诡计。

那么，聪明的读者，你知道这是怎么回事吗？

黑屋子

半夜，正在熟睡的私人侦探大卫突然被一阵敲门声惊醒。开门一看，敲门的是住在楼下的教授的外甥杰克。

只见他十分不安地对大卫说："今天教授约我晚上到他家去，我路上有事耽搁了时间，到他家后，我敲门却没人答应，不知教授家里发生了什么事，我又不敢进去，所以请您去看看。"大卫马上穿上外衣和杰克出了门。

杰克对大卫说："最近，我舅舅的一项发明成功了，得了不少奖金，有人很眼红，我担心他会因此出事。"

正说着，他们来到了教授家门口。杰克推开门，伸手摸墙上灯的开关，灯却不亮。杰克说："里面还有一盏灯，我去开。"说着，就走进了漆黑的屋子，不一会灯亮了。他们发现教授躺在离门口约一米远的过道上。杰克低低地叫了声："天哪!"赶紧跨过尸体，回到大卫身边。

大卫立刻检查尸体，发现教授已经断气。屋角的保险柜却打开着，里面已空无一物。杰克惊恐地说："这会是谁干的呢?"大卫冷笑了一声说道："别演戏了，杰克先生，凶手就是你!"

聪明的读者，你知道大卫是如何断定杰克就是凶手的吗?

浴缸里的尸体

一天晚上，李彬接到姐姐打来的电话，说有要紧事情让他马上到她家去。

原来她姐姐碰到了一件棘手的事情。她的朋友小华今晚有事住在她家里，可是小华在洗澡时，突然心脏病发作，死在了浴缸里。李彬姐姐不敢通知警察局，怕警方怀疑是她杀了小华，因此求李彬把小华送回小华的单身别墅的浴室里，就像小华是在那里死的一样。

李彬把小华送到她的别墅时，天已大亮。幸好别墅坐落在森林的边缘，没有人发现。李彬悄悄地把小华放到浴缸里，打开热水器，把浴缸放满温水。接

着他把小华的衣服挂在衣架上，把手提包和高跟鞋放到适当的位置，随后便悄悄地离开了别墅。

当天下午3点左右，小华的尸体就被同事发现了，很快就报告了警察局。法医检查后说："死因是心脏病，自然死亡。"

正在现场调查原因的探长忙问："是什么时候死亡的?"法医说："详细情况还需要解剖尸体才能断定，初步推测大约是在晚上10点到12点。"探长环视四周，沉思片刻后说："如果肯定是死于心脏病，又是这个时间，那么这个浴室不是第一现场，肯定是谁怕尸体引起麻烦才运到这里来的。"

李彬有什么疏忽，使探长肯定尸体是从别处运来的呢?

聪明的读者，你知道吗?

肖丽小姐之死

肖丽的尸体躺在公寓的停车场，旁边是她的红色轿车。她在晚上8点钟遭人谋杀，也就是她预定到达剧院音乐会演出前的15分钟左右。

凶手共射击两次。第一颗子弹穿过她的右大腿，在她紫色的短裙上留下了一大片血迹。第二颗致命的子弹射中她的心脏，在她的白衬衫上留下了血迹。

轿车里放着肖丽的大提琴。警方听取了三个人的证词。

发现尸体的房东太太说，肖丽决定参加音乐会，但并不演出，因为有一位过分热情追求她的人困扰着她，他就是同为管弦乐团一员的李伟。一个星期以来，肖丽都没有练习大提琴，或者说没有从车中取出大提琴。李伟坚称，他和肖丽已经开始交往，肖丽也说她要演出；并且要在晚上8点10分去接他，然后像往常一样一起坐车到剧院。但是他却没有等到她。指挥菲德说，管弦乐团的女性成员穿紫色裙子和白衬衫，而男性成员则穿白色西装上衣和黑色裤子，至于款式方面，则没有硬性规定。管弦乐团的成员都是在家中穿好衣服。他又说，肖丽不用练习就能够有很好的演出，因为音乐会是重复性的节目。

在听了三个人的证词之后，探长立刻知道是李伟在说谎。

聪明的读者，你知道探长是怎么知道的吗？

安妮之死

洛尔探长为了一个学生的事上门去拜访安妮。他按了一下门铃，没有人开门。

安妮的门上装的是自动锁，一旦关

上，除非有钥匙，否则外面人是根本进不去的。洛尔探长感到十分奇怪，便请管理员把门打开。他进去一看，见安妮穿着睡衣，胸部被人刺了一刀，倒在地上。经推测，死亡时间大约是在昨晚9点前后。经调查，昨晚9点前后有两个人来找过安妮小姐，一个是她的情人，一个是她的学生。这个学生是当地的流氓。

探长在询问这两个可疑分子时，他们都说自己按了门铃，见里面没人答应，以为安妮不在家，就没有进去。

听了他们的诉说，洛尔探长突然想起安妮小姐的房门上有个小小的窥视窗，于是他立刻指出了谁是真正的凶手。

聪明的读者，你知道谁是凶手吗？

真正的死因

山本一郎刚回到家里，就接到一个报警电话，说晚上10点有个学生死在宿舍楼门前。

山本一郎赶到现场，只见死者倒在学生宿舍楼门外，头朝门，脚朝大道，趴在地上，背部垂直射进一支箭。显然，死者是外出归来正要开门的时候，背后中箭倒下死去的。

山本一郎轻轻地翻动了一下尸体，

发现尸体下面有三枚100元的硬币，在灯光的照耀下闪闪发光。山本一郎随即检查了死者的衣兜，发现死者的钱夹里整整齐齐地放有10元和100元的硬币。

山本一郎站起身，问一旁的大楼管理员："这栋楼有多少学生居住？"

"现在正是暑假期间，学生们都回家了，只剩下小北和川本两人。这两人都是射箭选手，听说下周要进行比赛。"管理员讲到这里，抬头看了看学生楼，指着对着门的二楼房间介绍说："那就是川本的房间。"

"10点左右，川本从二楼下来过吗？""没有，一次也没有。"管理员摇头答道。

山本一郎来到川本的房间。川本刚刚睡醒，揉着蒙眬的睡眼，吃惊地说："怎么，你们怀疑我杀害小北吗？请不要开玩笑，小北是正要开门的时候，背后中箭死的嘛！就算我想杀死他，但从我的窗口里只能看到他的头顶，是无法射到他的背部的啊！"

山本一郎走到窗口，探出身子，看了一眼，便转过身，拿出三枚100元的硬币，对川本说："这是不是你的？也许上面印着你的指纹！"

川本一看，结结巴巴地说："可能是我傍晚回来，不小心从兜里掉下来的。"

山本一郎摇摇头，对川本冷冷一笑，说："不，不是无意中掉出来的，是你故意设下的陷阱！"说完，山本一郎便以杀人罪逮捕了川本。

山本一郎如何判定川本是凶手？

说谎者

太平洋某处海底深40米的地方，有一个日本的水生动物研究所，专门研究海豚、鲸鱼的生活习性。研究所里有主任森岛和三个助手高森伊郎、川岛、江本一郎。那里的水压相当于5个大气压。

一天，吃过午饭，三个助手穿上潜水衣，分头到海洋中去工作。下午1点50分左右，山滕来研究所拜访，一进门，他惊恐地看到森岛满身血迹地躺在地上，已经死去。

警察到现场调查，发现森岛是被人枪杀的，作案时间在1点左右。据分析，凶手就是这三个助手其中的一个。

可是三个助手都说自己在12点40分左右就离开了研究所。高森伊郎说："我离开后大约游了15分钟，来到一艘沉船附近，观察一群海豚。"川岛说："我同往常一样到离这里10分钟左右路程的海底火山那里去了。回来时在1点左右，看见高森伊郎在沉船旁边。"江本一郎说："我离开研究所后，就游上陆地，到地面时大约12点55分。当时樱依小姐在陆地办公室里，我俩一直聊天。"樱依小姐证明江本一郎1点左右确实在办公室里。

听了三个助手的话，警察说："你们之中有一个说了谎，他隐瞒了枪杀森岛的罪行。"

聪明的读者，你能推理出谁是说谎者和是谁枪杀森岛的吗，为什么？

巧妙的推算

某码头的工作人员在上早班时发现保险箱被撬，丢失了一笔款子。

同日晚间，警察在泰晤士河中发现了看守者的尸体，经法医鉴定，他是被谋杀后抛入泰晤士河的。在死者的衣袋里发现了一只走时十分精确的高级挂表，但已经停了。无疑，表针所指示的时间是一个十分重要的线索。可是一个手脚十分笨拙的警察竟然忘记了要保持现场完好如初的规定，出于好奇，把挂表的指针拨弄了几圈。他这种愚蠢的行为，当即遭到同事的严厉斥责。

后来，探长问那个笨拙的警察，是否还能记得刚发现挂表时，表针所指示的时间。那个警察当即报告说，具体时

间他没有细看，但有一点印象十分深刻，就是时针和分针正好重叠在一起。而秒针却正好停在表面上一个有斑点的地方。

探长听了之后，看了看挂表。表面上有斑点的地方是49秒。他想了想，就确定了尸首被抛入河中的确切时间，并且与法医的验尸报告也是一致的。这一来，就大大缩小了侦查的范围，很快捉到了凶手。

聪明的读者，你知道挂表时针究竟停在什么时间吗？

敲诈案

某日上午9点20分，刘秘书刚走进办公室，电话铃就响个不停。他拿起话筒，"晓峰、晓峰……"话筒里传来妻子安霞的抽泣声。这时，话筒里又传出一个男子故意变调的声音："刘晓峰，要是你不想你太太受伤害的话，就拿出2万元。10点15分，有个叫赵克的人来找你，把钱交给他，就没你的事了。否则，你的太太……"说到这里，"咔嚓"一声，电话挂断了。

妻子的抽泣声一直萦绕在刘秘书的耳边，好像鞭子抽打着他一样。他急忙离开办公室，走进一家百货商店，买了一只蓝色的小皮箱，然后去银行取出2

万元，又回到了办公室。到了10点15分，一个男子走进办公室，他的两只眼睛就像狼眼一般凶狠地盯着刘秘书，说："我叫赵克，快把钱给我！""我的妻子怎么样了？"刘秘书试探地询问道。"她活着，你想报警也可以，不过那样的话……"说到这里，赵克眼露杀机，怒视着刘秘书。"你的太太就没命了！"

赵克一离开，刘秘书便往家里挂电话，可是怎么拨也打不通。"妻子会不会……"他急疯了。横下心向警察局报了案。随后冲下楼，坐上汽车，火速向家里赶去。当他赶到家中的时候，看到妻子安霞平安无事，正与赶来的警官在交谈。

"哦，刘晓峰先生，您太太已把事情经过全告诉我了，什么一个男人和一个您给那人的那只装钱的蓝色皮箱，但她怎么也讲不清。现在请您详细讲一讲，到您办公室去的那个男子的外貌特征，以及您给他的那只装钱的皮箱是什么样子的。"刘晓峰急忙把事情的经过从头至尾、原原本本地叙述了一遍。

夜深人静，刘晓峰和妻子安霞一边喝酒，一边亲切地交谈着。突然刘晓峰像是想到了什么，"呼"地从椅子上站了起来，并拨通了警察局的电话。"晓峰，怎么啦，你发现了什么新线索？"安霞问道。刘晓峰的脸变得铁青，说："是的，我请他们来审问你！"安霞大吃一惊："我？亲爱的，你喝多了！""别演戏了！我现在非常清醒，你和那个叫赵克的家伙串通一气来敲诈我。"刘晓峰生气地大声叫道。

果然，在警官的审问下，安霞只好交代了实情。

聪明的读者，你知道为什么吗？

罪证在哪里

一天夜间10点左右，李伟正要入睡，忽然听见门铃响了起来。他打开门一看，只见一个瘦高个男人正冷冷地盯着他。李伟见来人正是他一再躲避的债权人张三，心里不禁倒吸了一口冷气。

张三一把推开李伟，气呼呼地走进房间，抬眼朝室内环视一周，冷笑一声说："嘿，好漂亮的公寓呀！这是用我的钱购置的？"接着大声威胁说，"别再躲躲藏藏了，快把钱还给我，不然我就到法院去告你！""钱，明天如数还你。""这话算数？""请相信我。来，好久不见了，干一杯吧！"李伟一边连连道歉，一边忙着从冰箱里取出一瓶啤酒。他趁张三犹豫的时候，抢起酒瓶朝张三的脑袋砸去，张三连哼也没哼一声，就应声倒在了地上。

李伟砸死了张三，慌忙把尸体背到停车场，用汽车把尸体运到郊区，扔在了公园里。他返回家后，立即进行了彻底的大扫除，用手巾擦掉了留在桌子和椅子上的指纹，连门把手也擦得干干净净，直到觉得房间里再也不会留下张三的痕迹了，才长长地松了一口气。

第二天一早，李伟刚起床，就听到一阵"咚咚咚"的敲门声，他打开门一看，竟是张警官和巴特侦探。

张警官脸色严峻地问道："今天早晨，我们在公园里发现了张三的尸体，在他口袋里的火柴盒后面写着你家的地址。昨晚上张三来过你家吗？"

李伟忙说："昨晚谁也没来过，我已经一年多没有见到他了。"

这时，站在一边的巴特侦探淡淡一笑，说："不要说谎了，被害者到这来过的证据，现在还完好地保留着……"

没等巴特侦探说完，李伟就大声地叫道："在哪？拿出证据来！"

"安静点，瞧，在那儿！"李伟顺着巴特侦探指的地方一看，顿时吓得面如土色，在那里确实留下了张三的指纹。

聪明的读者，你知道张三的指纹留在什么地方吗？

神秘绑票犯

某董事长的孙子被人绑架了，犯人要求索取1千万元的赎金。

犯人在电话中说道："把钱用布包起来后，放进皮箱。今晚11点，放在A公园铜像旁的椅子下面。"

为了保住孙子的性命，董事长就按照犯人的指示，把1千万元的钞票装进箱子里，放到铜像的椅子下面。

到了11点左右，一位年轻的女性来了。她从椅子下面拿了皮箱后就很快离去了。完全不顾埋伏在四周的警察。

那个女的向前走了一段路后，就拦下了一辆恰好经过的计程车。而埋伏在那里的警车，立刻就开始跟踪。

不久后，计程车就停在B车站前。那个女的手上提着皮箱从车上下来。警车上的两名刑警马上就跟着她。

那个女的把皮箱寄放在出租保管箱里，就空着手上了月台。其中的一位刑警留下来看着皮箱，另一人则继续跟踪她。

但是很不凑巧，就在那个女的跳上刚驶进月台的电车后，车门就关了。于是无法继续再跟踪。

然而，那个问题皮箱还被锁在保管箱里，她的共犯一定会来拿的。刑警们这么想着，就更加严密地看守那个皮箱。

但是，过了好久之后，都不见有人来拿，于是警方觉得不太对劲，便叫负责的人把保管箱打开。当他们拿出箱子一看，里面的 1 千万元已经不翼而飞了。

聪明的读者，你知道钱怎么不见了吗？犯人又是谁呢？

 燃点在哪里

一天早上，大物理学家牛顿吹灭了蜡烛，拉开窗帘，刺眼的阳光射进来，照在桌上那些还没有整理的原稿和书上。热衷于研究工作时，牛顿总是把书本和杂物放得乱七八糟的，这也是牛顿最坏的习惯。

"啊！今天是星期天。"

牛顿想到该去教堂一趟，就先到浴室洗把脸，忽然他想到了什么，脸尚未擦干，就飞快地跑到桌边，不顾脸上的水珠还断断续续地往下滴，拿起钢笔，把刚才的想法记了下来。

牛顿对自己神助似的构想感到十分满意，直到这时，他才觉得脸还湿漉漉的，也分不出是兴奋的汗珠，还是未擦干的水滴。擦干脸，整装完毕，他忙赶到教堂，弥撒已接近尾声。礼拜结束

后，本来想回家，可是和煦的阳光吸引着他，他在街头徘徊了一个小时，才走回家。

他一进门，一股烤焦的味道扑鼻而来，书房已被烧掉大半了，因仆人及时发现，把火扑灭，才没有烧到其他房间。

"啊！是什么东西引起火灾呢？"牛顿进门就追问仆人。

"我也搞不清，开始只看到窗口阵阵的浓烟，接着有火苗冒出，我才意识到是火灾，你出门的时候，有没有吹灭蜡烛？"仆人问道。

他知道每当牛顿热衷研究工作时，其他一些琐碎事物，他是绝不会经意的。

"我，我记得很清楚，我是先把蜡烛吹灭，然后才洗脸的，在洗脸时，我还回到桌上在原稿中写了一段话，当时还没有半点烧起来的痕迹，这些我都记得很清楚。"

"你桌上有没有做实验用的透镜？凸透镜受到阳光照射时，光线集中在一点，太久的话，也会引起火灾的，是不是？"仆人分析道。

牛顿的仆人对科学也略知一二，牛顿仔细观察被烧得面目全非的桌子，但是没有凸透镜的残骸，在烧毁的书籍与

原稿中，有一块长20厘米、宽10厘米的玻璃板，他在五年前出版了一本书叫做《Princopa》，而这块完好如初的玻璃板隔在此书和原稿之间，就像一座小桥梁。

"主人，你看，这儿有一块玻璃板，也可能是它受光能的影响，而引起火灾。"

"不！这只是一块普通的玻璃，即使受到日光的照射，也绝不会产生焦点，引起火灾。"

牛顿一面回答，一面仔细观察，想找到引起火灾的蛛丝马迹。

"说不定，是有些妒忌我研究成果的坏家伙，故意在窗口放的火。"

由于找不出失火原因，牛顿有种被害的感觉，可是仆人为了证明牛顿的说法不成立，解释道，当时他在庭院工作，没有发现有可疑分子侵入，如果有人进入窗口，他在庭院，绝对逃不过他的眼睛。

就在两年后的一个早晨，牛顿洗脸时，忽然觉得空虚的头脑里，有一道曙光射进的感觉。

"对了，那个大火的星期天早二，我也洗过脸，而且就在那时灵感突然来临，唉！像这类单纯的事情，怎么当时就想不通呢。"

起火的原因，突然得到证明，同时他的怀疑也随之消散了，那么牛顿对失火原因到底有什么结论呢？

聪明的读者，你想到了吗？

谁是被害人

某推理作家正在赶写一篇书稿，虽然交稿日期就要到了，可他被刚才的一则赛马消息吸引住了，满脑子想的都是明天的菊花奖得主会是谁。

正在这时，朋友袁警官突然来了，他一副疲惫不堪、无精打采的样子。

"老袁，一定又遇上了什么棘手的案子了吧？"

"嗯，就是那件焚尸案。"

"啊，是那件案子呵，难道凶手还没抓到吗？"

"别说凶手，就连死者的身份还没搞清呢，真难办呀！"袁警长诉苦说。

焚尸案说的是星期日早晨，在郊区的杂木林里发现了一具被烧焦的男尸。凶手杀人后为了不让人知道死者身份而在深夜移尸到这儿，浇上灯油焚烧了。

"全身都烧焦了，漆黑一团，一点儿线索也没留下。可奇怪得是上衣口袋里装着十几块方糖，因压在身下，没烧化。"

"方糖？奇怪，被害人身上带方糖

做什么？那么，在离家出走或去向不明的人中，有没有类似的人？"

"有三个人。"

"什么，有三个人？"

"一个是卖马票的酒店老板马林，星期六的夜里，在酒吧喝了酒之后去向不明。据说当时他身上还带着1万元的现金。"

"那么，是图财害命喽。"

"另一个是陈武，一个年轻能干的公司职员。据说从大学时代就喜欢骑马。说是星期六中午去骑马俱乐部练习，离开职员宿舍后，再也没见回来。"

"失踪的理由是什么呢？"

"他是一个花花公子，也许是被恨他的女人杀了。"

"第三个人是谁？"推理作家递过来一罐啤酒，感兴趣地问道。

"叫肖勇，是一名赛马报的记者，星期六没去采访，而是一大早就钻进了麻将馆，一直玩到晚上9点多钟，说是去洗桑拿浴，走后便去向不明。"

"有被杀的动机吗？"

"上个月，他发表了一篇弊端事件的报导，所以可能被人怀恨在心杀掉的。"

"三个人全是单身吗？"

"是的。所以无法详细了解他们的

私生活情况，也就没有办法确认尸体的身份，因此感到很棘手。三个人的年龄、身高几乎相同，血型也一样。"

"从齿型无法辨认吗？"

"死者的牙齿没有近10年接受过治疗的痕迹。"

"那指纹呢？"

"也不行了，两只手的10个指头全部都烧化了。"

"什么办法都不行啊，可是，三个人都和马有关，真是奇妙的巧合啊。"

"我觉得你又是推理作家，又是赛马迷，一定会有什么好主意，才抱着很大希望来找你的。"袁警官一边喝着啤酒，一边想尽快听到这位好友的高见。

推理作家对记下的三个人的名单看了一会儿，忽然，他注意到了什么，"原来如此，明白了，死者就是他。"说着便指给袁警官看。

聪明的读者，死者究竟是谁呢？请讲出理由。

神秘的枪声

一声枪响打破了冬日黄昏的寂静，张大侦探正漫步街头，他看见不远处一个老人跌向房门，慢慢地倒了下去。张大侦探和街上仅有的另外两个人，先后跑了过去，发现老人背部中弹，已经死去。

张大侦探看见这两个人都戴着手套，就问他们刚才在做什么。第一位说："我叫姚龙，我看见这位老人刚要锁门，枪一响，他应声而倒，我便立即跑来。"第二位说："我叫刘超，听到枪声不知发生了什么事，看到你俩往这儿跑，我也就跟着赶来。"

钥匙还插在房门上的锁孔里，张大侦探打开锁，走进房间，打电话报警。警察来了以后，张大侦探指着一个人说："把他拘留讯问。"

聪明的读者，你知道拘留的是谁吗？为什么？

白飞之死

张大侦探和其他游客在穿越广阔的西部旅途中，遇到一条混浊肮脏的河沟。导游说："人们都叫它'死人河'。"名称的由来是这样的：

李元是这一带有名的医生，一天下午，他正为一个小贩治病，白飞闯进了诊室。白飞说，他在城里偶然遇到一个手握六响双枪的强盗在抢劫银行。由于枪战引起了混乱，白飞被误认作那个劫匪，不得不到此躲藏。当时情况十分紧急，不允许白飞找证据澄清真相，况且一位警官已跟踪到这儿。李元相信白飞

是清白的，因此他换上白飞的衣帽，想把警察引开，好让白飞逃脱。在告诫那个小贩严守秘密之后，李元从床下拿出一条6米长的空心胶管。他要白飞跳下河沟，通过胶管呼吸，胶管的口径约1厘米。于是，李元骑上白飞的马跑开了，警官紧追不舍。这样，白飞摆脱了追捕。然而，结局却非常不幸，白飞死了——溺死于河中。李元将警官引开之后，小贩将白飞从水中捞出。李元猜测白飞也许是因为在水下惊慌失措才淹死的。

听向导介绍到这里，张侦探打断他的话说："不，白飞是被人谋杀的。"

张侦探何以得出这样的结论？

神秘杀人事件

一名青年死在了一座26层高的大楼旁边，警方断定死者是从这座楼的楼顶上落下坠地而死。警方发现在这名死者的手心上用笔写着一个"森"字，像是在暗示着杀人凶手的名字，可能因时间有限而只写了一个字。笔就落在他手边的地上，而且只有他的指纹。看来确是坠楼的同时掏出笔写在手心上的。警方根据电梯的管理人员举报找到了案发当时也在楼顶上的5名疑犯，他们都与死者认识，但是他们谁都不承认自己是

推死者坠楼的人。他们分别叫：赵宇、赵森、刘方、王森、李舟。这时警方想走了死者手心上的那个字，马上认定了杀人凶手。

聪明的读者，你知道那个杀人凶手是谁吗？为什么是他呢？

谎言

麦克、吉姆和杰克三个人是纽约的一家颇负盛名的珠宝公司的合伙人。去年，他们一同飞往佛罗里达州，在约翰的别墅度假。

一天下午，麦克带着吉姆乘坐游艇出海钓鱼，吉姆是位不谙水性的钓鱼爱好者，而杰克这位鸟类爱好者则情愿留在别墅。麦克是载着吉姆的尸体回来的。他说吉姆在船舷探出身子钓鱼。因风浪大船颠簸，失去重心而落水，待捞起时，吉姆已经淹死了。而杰克则说，他坐在别墅后院乘凉，发现一只稀有的橘红色小鸟飞过，他便兴致勃勃地追踪小鸟来到前院，用望远镜观察那只鸟在高大的棕榈树上筑巢，说来凑巧，他的望远镜无意中对准了海面，只见麦克与吉姆在游艇上扭打成一团，麦克猛地把吉姆的头按入水中。

验尸报告证明吉姆确死于溺水。但在法庭上，麦克的辩解与杰克的证词互相矛盾。法官去拜访费尔侦探，请他帮助解开疑团。费尔侦探说："杰克的证词是假的。"

聪明的读者，你知道是为什么吗？

经济间谍

村田一郎的经济间谍身份已经被人识破，此刻正在被公司老板们训斥。被村田一郎盗去重要机密的公司老板们虎视眈眈地盯着村田一郎。

"如果不把他交给警方，就当场把他干掉吧。"

"把他碎尸万段吧！"

"不，有更好的办法，把这家伙捆起来放到铁道线上去，火车压上他后就会脱轨，这样既破坏了现场，也不会留下证据。今天晚上就干，这段时间先让这家伙睡一会儿。"

心脏不好的村田一郎惊慌失措，拼命挣扎着想要逃脱，但是却被注射了镇静剂，不一会儿就睡着了。醒来时，发觉自己被扔在铁道线上。他的手能碰到碎石，而且，不知为什么还被戴上了眼镜。一定是这帮家伙的圈套。过了一会儿，前方出现了逐渐向这边靠近的灯光，是列车来了。如果这样躺着不动会被压死的，可是身子却不听使唤。随着一声绝望的惨叫，村田一郎的人生结束了。

两小时后，村田一郎的尸体被发现。可不知为什么，发现尸体的地方竟是某商店的停车场，而且死因是心脏停搏。

这究竟是怎么回事呢？

伪装溺水案

一个星期天的早晨，某湖水面上飘浮着一具垂钓者的尸体。看上去像是死者乘租用的小船垂钓时，船翻溺水而死的。死亡时间是星期六下午5点钟左右。起初这起死亡事件被认为是单纯的意外事件，但经刑警调查后认定是他杀案，而凶手竟是死者的朋友，因为他欠死者一大笔债。

可是罪犯有不在现场的证明，星期六他租用另一条船在某湖与被害人一起钓鱼，下午3点钟左右与被害人分手，一个人乘坐15点40分开的电车回到自己的家里。列车到达他家是18点30分。这期间罪犯一直坐在列车上，并且有列车员的确切证词。

然而，当刑警了解到此人在某大学的附属医院任药剂师时，便揭穿了他巧妙作案的手段。

那么，罪犯是用了什么手段而使被害人溺水而亡的呢？

聪明的读者，你猜到了吗？

扑克占卜师之死

一天早晨，单身生活的扑克占卜师在自己的房间里被杀。他是被匕首刺中后背致死的。推测被害时间是昨晚9点左右。看上去是在占卜时受到了突然的袭击。尸体旁边到处是扑克牌，被害人死时手里攥着一张牌，是张方块Q。

"为什么死时攥着一张方块Q呢？"张警官感到奇怪。

"大概是想留下凶手的线索，才抓在手里的。"赵侦探说。

"这么说，凶手与钻石有关系？"

"扑克牌的方块与宝石中的钻石不同，是货币的意思。黑桃是剑，红桃是圣杯，梅花表示棍棒。"赵侦探解释说。

不久，侦查结果出来了，找出以下3名嫌疑犯：职业棒球投手、宠物医院院长和歌舞伎演员。

"3个人似乎都与扑克牌里的方块没什么关系。"张警官感到纳闷。

"即使没关系，这个家伙也是凶手。"赵侦探果断地指出了真凶。

聪明的读者，凶手到底是谁？你猜到了吗？

巧妙的毒杀案

高夫人和当医生的丈夫分居后独自

一个人生活。但自三天前起，她发高烧一直不退，附近的私人门诊的医生又不出诊，无奈她只好请分居的丈夫前来看病。

"不必担心，是患了流感。先打上一针，今晚睡觉前吃了这药就会马上退烧，再过两三天就会好的。"丈夫给她打了一针，又给她留下一个用胶囊装的感冒药就回去了。

当天晚上，她临睡前吃了丈夫留给她的感冒药。可是，几分钟后她突然感到很难受，不一会儿就死了。实际上胶囊里装的是氰酸钾。

第二天傍晚，高夫人的尸体被人发现了。警察在解剖尸体时发现。其胃中残留有尚未消化的掺有氰酸钾的巧克力。因此，被害人的弟弟以杀人嫌疑被逮捕。因为他在一周前曾送给他姐姐一盒威士忌酒心巧克力糖。其中，有一块巧克力掺有氰酸钾。这姐弟俩正为继承亡父的遗产而闹得不可开交，可见其有杀人动机。可是，其弟坚持自己是无辜的，并请求赵侦探重新进行调查。

接受调查这起案件的赵侦探在得知与死者分居的丈夫是内科医生，并且为了同年轻的情妇结婚而急于想同妻子离婚这些情况后，调查了其在案发当夜不

在现场的证明，一针见血地揭穿了医生巧妙的毒杀手段。

那么，该医生使用了什么手段，将被害人吃下去的掺毒的胶囊替换成威士忌酒心巧克力的呢？

聪明的读者，你猜到了吗？

失踪的邮票

集邮爱好者恩费斯的寓所面向大海，前后都有窗子。他有两张珍贵的邮票，那天上午放在写字台上，写字台前的窗子当时开着，不料风太大，与这扇窗相对的窗子突然被风吹开，把一张邮票吹到窗外，带进了大海。风停半小时之后，侦探黑尔来访，恩费斯约他在房前海滩上散步，谈起了这件令人惋惜的事。

黑尔边听边低头观察一只海鸥的足迹，从足迹看，这只海鸥起飞时面朝大海，半小时前退潮的海水没有抹掉这些足迹，说明海鸥飞走的时间不超过半小时。

黑尔问："是您亲眼见到邮票被吹到窗外的吗？"恩费斯说"不，是秘书告诉我的，他说幸好及时按住了另一张。"黑尔说："那张邮票还在。"

聪明的读者，黑尔根据什么做出这样的判断？

谁是贼

英国货船"伊丽莎白"号，首次远航日本。清晨，货船进入日本领海，船长霍格尔刚起床便去安排进港的事，将一枚钻石戒指遗忘在了船长室里。

15分钟以后，他回到船长室时，发现那枚戒指不见了。船长立即把当时正在值班的大副、水手、旗手和厨师找来盘问，然而这几名船员都否认进过船长室。

大副说："我因为摔坏了眼镜，回到房间里去换了一副，当时我肯定在自己的房间里。"

水手说："当时我正忙着打捞救生圈。"

旗手说："我把旗挂倒了，当时我正在把旗子重新挂好。"

厨师说："当时我正修理电冰箱。"

"难道戒指飞了？"平时便爱好侦探故事的霍格尔，根据他们各自的陈述和相互作证的情况。略一思索，便找出了说谎者。事实证明，这个说谎者就是罪犯。

聪明的读者，你能猜出谁是罪犯吗？

高明的小偷

小偷小伟和往常一样，很顺利地将公交车里的三名乘客的钱包偷走了。

他先偷了一位穿迷你裙的小姐的钱包，接着他偷了一位身着西装的中年男子的钱包，最后他掏了一位中年妇女的口袋。

小伟下了车，连忙跑进旁边的厕所高兴地检查起自己的"战利品"。那位小姐的包里有500元，中年男子的包里有1000元，中年妇女的包里只有300元。

"都是穷光蛋。"正当小伟感到不悦而皱眉头时，他发现和这三个偷来的钱包放在一起的自己的钱包不见了，那里装着3000多元呢。

不仅如此，他的口袋里还有一张纸条，上面写着："在偷别人东西之前，最好先注意自己的口袋。""还有比我手段高明的贼。"小伟愤恨地说。

聪明的读者，到底这三个人中，谁偷了小伟的钱包呢？

谁是凶手

杰姆接过一份报告，看了一会儿，对警长说："根据验尸报告，黑德太太是两天前在她的厨房中被人用木棒打死的。这位孤独的女士多年来一直住在某山顶上破落的庄园里，与外界几乎隔绝。你想这是什么性质的谋杀呢？"

"哦，真该死！我昨天凌晨4点钟就接到一个匿名电话，告诉我她被人谋杀了，但我还以为这又是一个恶作剧，因此直至今天还没有着手调查。"警长马尔尴尬地说道，"那么我们现在去现场看看吧。"

警长将杰姆带到庄园的前廊说："由于城里商店不设电话预约送货，而必须写信订货，老太太连电话都很少打。除了一个送奶工和邮差是这里的常客之外，唯一的来客就是每周一次送食品杂货的男孩子。"

杰姆紧盯着放在前廊里的两摞报纸和一只空奶瓶，然后坐在一只摇椅上问："谁是最后见到黑德太太的？"

"也许是卡莉太太，"警长说，"据她讲，前天早晨她开车经过时，还看见老太太在前廊取牛奶呢。"

"据说黑德太太很有钱，在庄园里她至少藏有5万元。我想这一定是谋财害命。凶手手段毒辣，但我们现在还找不到线索。"

"应该说除了那个匿名电话之外，我们还有别的线索。"杰姆更正道："凶手实在没料到你会拖延这么久才开始侦破！"

聪明的读者，杰姆怀疑谁是凶手呢？

 小丑雕像

很多年前，一对父母想休假，所以他们决定晚上去城镇。他们叫来最信任的一个保姆来照看孩子。当保姆来的时候，他们的两个孩子已经在床上睡着了。

晚上，保姆觉得无聊，就想看电视。但因为电视机在孩子父母的卧室里，所以她就打电话给孩子的父母，问是否可以在他们的卧室看电视，当然孩子的父母同意了。

但保姆接着又提出了一个请求。她问是否可以用毯子或者衣服盖住那小丑雕像，因为那使她感到很害怕。

电话那头沉默了一会儿，此时爸爸在和保姆通话。

他说："立刻带孩子离开房间……"

第二天，孩子们和保姆被小丑谋杀了。

聪明的读者，你知道是为什么吗？

 假证据

"上星期日，你在哪里？"

某案的嫌疑犯，在接受刑警的询问时，这样回答："我上了××山。你看，这就是当时拍的照片。到达山顶后，在用罐装啤酒庆祝。一边俯视着云海，一边喝着啤酒，多带劲儿呵。"他

拿出一张照片给刑警看，刚好是开易拉罐时拍的照片。

"这座山的海拔高度是多少？"

"3500米。"

"那么，这张照片是合成的喽。"

刑警一眼就看破了。那么，这张照片什么地方有假呢？

 作家的遗书

某著名作家在自己别墅的书房中死去。死因是喝了掺有毒物的葡萄酒所致。死亡推定时间是两天前。

他的桌子上放着一台常用的文字处理机，画面上留下的文字内容是一份"遗书"。从键盘上没有验出他人的指纹。

以下是勘查现场的两名刑警的对话。

刑警A："嗯……陷于困境的作家在文字处理机上留下的遗书，是否可以说是有意识的服毒自杀呢？"

刑警B："奇怪，死亡不是两天前吗？要是这样的话，至少这份遗书不是松木自己打的。"

果然，通过调查毒物的入手渠道找到了一名嫌疑犯，此人是作家的竞争对手。调查虽然取得了进展。但警方并没有解开"遗书"之谜。

那么，刑警B何以确信文字处理画面上的遗书不是作家本人打的呢？

垂钓者

从前，有个好自吹自擂的私人侦探。

"昨天，我在池塘钓鱼，一个刺客偷偷从我背后过来，正要用匕首刺我。这时，我从池塘的水面上看到了他的身影，便迅速挥起鱼竿朝后抡去，正好鱼钩勾住了那家伙的脸，那家伙号叫着逃走了。"

听了此话，他的朋友不相信，说道："这种事不可能发生吧？"

聪明的读者，这是为什么？

自杀还是他杀

一个男人从饭店的6层楼上掉下来摔死了。此人住的房间上着锁，里面别无他人，所以看起来是跳楼自杀。现在外面正下着大雪，死者身旁还有些冰块。

然而，来勘查现场的刑警却断定是他杀。

聪明的读者，你知道这是为什么吗？

被毒蜂蜇死

一个女人死于停在路旁的车中，车内有一只大蜜蜂在嗡嗡地飞。

这是一只身上带有黄道的塞浦路斯蜜蜂。一定是毒蜂蜇了她的额头致死的。但是，无论怎么有毒的蜂，只被一只蜇了一下，人就会立即送命吗？

实际上，这是巧妙利用蜜蜂的杀人的方法。

聪明的读者，罪犯使用的是什么手段呢？

被盗的英国纯种马

小强的家里饲养了24匹英国纯种马。他将正方形的马圈横竖各进行了3等分，每栏放了3匹马。

为防止纯种马被盗，小强每晚临睡前都要检查一下横竖是否各有9匹马。

一天夜里，盗贼来偷马。当然，他们事先清楚小强每晚有确认马的习惯。因此，盗贼想出了让小强不易察觉的偷窃办法，成功地盗出4匹马，而小强竟然好几天没有发觉。

聪明的读者，盗贼是如何盗走纯种马的呢？

谁是真凶

一天早晨，某船行驶到太平洋上时在其船尾甲板上发现了一具女尸。死者是位名叫毛毛的时装设计师，被匕首刺中身亡。

因为案发于浩瀚的太平洋上，所以凶手肯定还在船上，即使乘救生艇逃走，生存的希望也不大，所以……

实际上，船中有两个人有杀她的动机。

哈格——被害人的外甥，是其财产继承人，因赌博而债台高筑，正苦于无力偿还。

德尔——被害人的秘书，在航海旅行过程中，因贪污之事败露而被解雇。

聪明的读者，根据上述情况，请判断谁是凶手。

证词可靠吗

一天，你在街上散步时，偶然看到一辆轿车撞人后逃跑。肇事瞬间的情景如图所示。

作为目击证人，你理所当然地要受到警方的询问。请先看图，10秒钟后，回答警方的下列问题。

问1：记得肇事车的车牌号吗？

问2：是什么样的车？

问3：开车司机是男是女？

问4：向什么方向逃走的？

问5：肇事时间是几点？

问6：附近，除机动车还有其他车辆吗？

问7：除目击证人以外，还有其他人在场吗？

聪明的读者，如果目击证人是你，你怎么回答呢？

谁盗走了钻戒

强盗从阳台的窗户潜进公寓的350室，盗走了梳妆台上的钻石戒指。

经现场勘查，发现梳妆台上留下了罪犯的指纹。从作案情况推断，罪犯似乎就是住在该公寓的人。所以提取了公寓所有人员的指纹，但却没有与罪犯指纹一致的人。

当时，一名刑警瞧了一眼管理员的房子，无意中注意到了什么。

"原来如此，罪犯找到了。只有它的指纹忘记提取了。"那么，强盗到底是谁呢？聪明的读者，你猜到了吗？

奇怪的长相

董宁从自家的窗户缝里看到了邻居家发生的一起凶杀案。因为凶手在通过窗户窥视的董宁眼前闪过好几次，所以董宁清楚地记得那个人的长相。

董宁在向来调查的刑警描述目击经过时说，凶手是一个细长脸的男人，而日后去自首的凶手是圆脸，并非细长脸。

难道董宁看到的人不是凶手吗？

谁杀了考古学家

一天夜里，大卫接到某考古博士的紧急电话，说他借来搞研究的黄金面具被盗，并已派秘书驾车接大卫前去破案。

车到博士的研究室已是深夜11点了，研究室空无一人，秘书上楼去请博士，大卫在客厅里刚点上烟斗，只听得楼上"啊"的一声，接着是秘书的脚步声和喊声："博士死了。"大卫连忙跑上楼，这是一间研究室兼卧室，博士倒在办公桌旁的地板上。大卫摸了摸死者的手和脸，还有温度，他无意中接触到死者的衣服，竟然也热。波洛问："这所房子还住有什么人吗？""没有。不过也许有人来过。"秘书答道。大卫来到床前，床上有一床没有叠好的电热毯，摸摸也很烫。博士的皮包里有一张出席学术会议的请柬和发言稿。这说明，博士决不会自杀。

大卫一切都明白了，他指着秘书厉声道："凶手就是你！盗窃黄金面具的也是你！为了表明博士死时你不在现场，你玩了个不甚高明的花招！"

聪明的读者，你能猜出秘书玩了什么花招吗？

美艳之死

已经是半夜11点半了。阿丽轻轻地上了二楼，蹑手蹑脚地朝自己的房间走去。这时，她忽然听到美艳的房间里传出折叠桌翻倒、茶具叮当落地的响声。

美艳是化妆品公司的推销员，因为业务关系，她认识很多客户。最近，经常有个中年男人来找她，两个人有时亲亲热热，有时吵得天翻地覆。阿丽早已习惯。不过今天没有听到那男人的粗犷的嗓门声，也没有美艳的哭声。还没等阿丽琢磨明白，忽然，她听到很低的"救，救命……"声。再听，却什么也没有了。犹豫再三，阿丽轻轻地敲了一下美艳的房门，可是没有回音，门锁着。楼梯传来拖鞋的声音，一楼的萧华满脸狐疑地走上来。

"阿丽，刚刚是不是我表姐的声音？"萧华和美艳是表姐妹，她就住在美艳的正下面。

"好像是。我敲了一下门，却没人开。"

"你在这儿看着，我下去叫房东。"萧华果决地说。

所幸，房东就住在公寓隔壁，很快就带着钥匙上来了。阿丽一见他们，马上紧张地报告："一直没有声音，也没有人出来。"房东打开房门，屋里景象令人大吃一惊。折桌翻倒，满地都是茶杯的碎片。美艳伏在地上一动不动，脖子上勒着一条长丝袜，显然已经死亡了。屋里没有任何人的踪迹，窗户虚掩着。房东立即拨打了110。好半天，萧华先缓过来，说："那凶手是不是已经从窗户跳了出去？"，

"不可能，窗户下面是悬崖。"房东否定了她的看法。阿丽小心地绕过尸体推开门窗看，窗户外有一个流水铁管，但锈迹斑驳，到处都是洞。

"会不会是录音机放出的声音？"萧华说。可是三个人在屋里没有找到录音机。

聪明的读者，你知道凶手是怎么逃走的吗？

 ## 失火案

在一个停电的晚上，一栋民居突然起火，里面只住了一个老太太和她的侄子。如果是有人纵火的话，嫌疑对象就只有她侄子了。

老太太的侄子交代说："那天晚上我正在酒店和朋友喝酒，没有回去过。"经证实他的确是在那酒店里，他朋友和酒店服务员都可以作证。朋友说："他家起火时他一直跟我们在一起。"小姐说："他的确在，还打了一个电话呢！"

聪明的读者，他有嫌疑吗？又是怎样放的火呢？

自编骗局

债主告诉王先生，要求他9月底以前还清债款，王先生请债主第二天下午到他家里取回借款。

第二天下午，当债主到达王先生家时，赫然发现王先生被绑在床上。债主连忙上前替他松绑，在松绑期间，李先生不断地表示他昨晚被贼人入屋行劫，将他捆绑在床上，把他的财物洗劫一空，就连预备还款的金钱也被抢去，所以欠款恐怕要迟一些才能偿还了。但当债主迅速地为王先生松绑后，竟然要求王先生立即还款。为什么债主会如此不近人情呢？

聪明的读者，你知道吗？

宝藏的藏身地

探险家阿彪与助手这年夏天到南极旅行时，偶然在酒店的地窖里，发现一张残旧的藏宝图，藏宝地点是赤道附近的一个小岛。

两个人兴高采烈地收拾行李，向小岛进发。他们到达小岛后，依照指示在某地挖掘，几经辛苦才掘出一个小木箱及一根短树枝。他们欢天喜地拆开一看，原来里面藏着数张字迹模糊的废纸，上面的文字分别为：（1）早上

最长；（2）中午最短；（3）傍晚最长；（4）从东西的直线上，在傍晚时往东行10米。

"奇怪！这是什么意思呢？"阿彪助手不解地说。"唉！你当然不明白啦！我已解开这个谜了。只要我们把这根树枝竖起来，画上不同半径的圆，找出东南西北的方向，问题便能够迎刃而解了。"果然，他们很快便找到了宝藏。

聪明的读者，你猜他们是如何辨别正确的方向呢？

证人

一个名人被人杀死，警方怀疑A是杀人犯，但是，他却有不在场的证据。

A表示，在凶案发生的时间内，他正在家中和朋友B一起吃夜宵，看电视，电视节目是观场直播的，他能够说出内容。警方向B查询，发现他是一个酒徒，他向警方表示，那天晚上，他在A的家中，与A一起喝酒，也看过那个电视节目。

警方多方询问，发现B并没有说谎。但是，他们很快就找出了破绽。

聪明的读者，你知道A是用什么方法，利用B作为他的证人吗？

银行的绝招

一家旅馆的一张刚从银行取回来的旅行支票被盗。警察闻讯赶来，他让每个职员用手纸擦擦手，然后将这些手纸分类编号，放入培养碟皿中。不一会儿，一张手纸显现出几条斑纹，警察根据手纸的编号，确定了罪犯，很快破了此案。

聪明的读者，你能知道这个案子的破案奥秘在何处吗？

巧妙的谋杀

即将离休的军工专家张雄在家中举行60岁寿筵，期间高朋满座、宾客如云。

由于前不久张雄任职的机构多次发生军事机密失窃事件，且张雄也有一定的泄密疑点，故安全机关决定派精明干探赵伟参加张雄的寿筵，赵伟的身份是上级机关新来的人事干部，任务是发现可疑人员。正当宾客们纷纷向张雄祝寿道贺之际，一位美貌的妙龄女郎翩然而至。张雄满怀喜悦，骄傲地向宾客们介绍，这位女郎是他的堂侄女张莉丽，现任西方某国一大公司驻华代表。张莉丽十分矜持，但得体大方地向宾客们领首致意后，撒娇地邀请张雄到花园里合影留念，于是宾客们纷纷随他们走出大厅来到花园。

张雄与张莉丽在榕树下合影后，爱好摄影的张雄要求亲自再为张莉丽拍几张艺术照，张莉丽欣然答应，便站在榕树下先后做出各种姿势让张雄拍摄。正当此时，张雄的夫人从大厅里出来，下台阶时不小心一个趔趄，摔倒了，手中的酒杯也"砰"的一声摔碎了。宾客们受惊回头之际，却又听见一声枪响，再回头时，发现张莉丽左胸中弹倒在榕树下的血泊之中。

赵伟察看了张莉丽的伤口和站立位置后，飞奔进屋中，来到二楼一间卧室。卧室中，张雄的失明儿子正惊恐万分地坐在床上，窗前的地上丢着一把钳子和一把手枪。赵伟询问他，他说刚才有个人从房间里打枪后跑了出去。赵伟赶紧走出房间查看一番，却没发现有人逃跑的明显迹象，他思索一阵后，果断地打电话回局里，要求派人前来处理此案件。当几名同事来到现场后，赵伟严肃地走到悲痛欲绝的张雄面前说："张先生，这是一起策划得似乎无懈可击的谋杀，主谋就是你！"张雄被拘捕后，交代了张莉丽用高价向他收买情报的罪行，他因害怕东窗事发，又想摆脱张莉丽的继续纠缠，无奈之下设计杀害了她。

聪明的读者，您知道谋杀是如何设计的吗？

聪明的小偷

下了一夜的大雪，第二天早上张探长接到一家三楼的住户被盗的消息，立即赶到了现场。张探长发现各处的门窗都被锁得很紧，而且未遭到破坏，只有三楼阳台的落地窗被打开了，所以张探长推测小偷一定是从窗户进去的。但奇怪的是，在检查阳台附近的墙壁时，也没有发现小偷攀爬的痕迹，只在屋外的雪地里发现了一排圆形的印子。

聪明的读者，小偷是用什么方法进去的呢？

毒蛇咬人

一个深秋的晚上，一位妇人来警察局报案："我的弟弟不见了。他昨天上山打柴到现在还没有回来。"

中午，警察找到他弟弟的尸体，身上有一个五步蛇咬的痕迹，这的确是这种蛇的咬人方式。经法医鉴定，那人身上有残余的毒蛇毒液，于是警察确定是毒蛇咬人致死。

回到警局，局长却说一定是谋杀。

聪明的读者，这是怎么回事呢？

 聪明的守夜人

一年夏天,某街因为要安置新的电线,所以有好几幢大厦都在晚上8时至10时停电,小丽晚上9点离开盲人中心,步行回家。

第二天,有人在楼梯上发现了小丽的尸体,而且不见了小丽的手袋,这显然是一起劫杀案。据守夜人回忆,当时有一男子是与小丽差不多同时间上楼梯的,警方召来了那名男子,并向他询问当时的情况。

那男子说:"我当时确实是与小丽差不多同时上楼梯的,我看见她是盲人,所以还带她走上楼梯,到了她那层我才走的。"

守夜人听男子说完后,便叫道:"他说谎,小丽小姐是他杀的。"守夜人怎会知道那名男子在说谎话?

聪明的读者,你知道吗?

[答案]

你相信吗

答案： 既然李逵刚做完梦就被张飞吓死了，那他做梦的内容别人又怎么可能知道呢？

神奇的算式

答案： 101×5 算出的结果是 505，但在计算机上显示的是 SOS，张大侦探看到它后立即做出反应：教授遇难了。所以他才拨打 110。

自投罗网

答案： 警察命令手下上街敲锣喊话，告诉全城百姓，城外树林里有一名身穿黑衣，骑着一匹四蹄踏雪黑马的年轻人被杀害，请死者家属前来认领尸体。强盗母亲一听十分吃惊，信以为真，自然就会自投罗网。

沙漠死尸

答案： 几个人乘热气球旅行，路过沙漠，气球漏气，很危险。大家把行李全都扔下去了，还不行。只好扔下去一个人，大家决定拿几根火柴决定。抽到半根火柴的就会被丢下去。事情的经过就是这样。

半夜的敲门声

答案： 因为他的门开在悬崖边，那个人好不容易爬上来，他一开门，就被推下去了。重复几次，就被摔死了。

8号电话亭

答案： 一般情况下，如果第八个电话亭不需要维修的话，主管会说前面七个（或六个）中的五个需要维修。

谁是凶手

答案： 王小伟。如果是李三杀了人，那么周童和王小伟的话就是真的；如果是康吉杀了人，那就意味着李三和王小伟说的话是真的。因此，杀人犯只可能是王小伟，也只有康吉的话才是真的。

怎样过桥

答案： 不正确。即使在飞行中，鸽子的重量仍保持在 200 千克。鸽子向上飞时，重量会减轻，但向下飞时却会增

加重量，所以总重量仍保持不变。

 射击得分

答案：上校的分数是 200 分（60、60、40、40），少校的分数是 240 分（60、60、60、60），将军的分数是 180 分（60、40、40、40），每位军人的不正确之处是：上校的第一句话，少校的第三句话，将军的第三句话。

年龄

答案：现在，老王的年龄是 40 岁，他的女儿则是 10 岁。

不起飞的飞机

答案：因为机场搬迁。

两个间谍

答案：先进来的间谍是 B。他进来时，窗外的树枝上有六片叶子，可 A 进来时只剩五片。这就是说，A 是在掉了一片树叶后进来的。

谁是农场主

答案：巴特是农场主。

几个囚犯

答案：2519 个囚犯。

两个方案

答案：第二个方案。

出错的闹钟

答案：我忘记了自己所说的是电子闹钟。所以，在显示数字的八条线中，有一条线是无法显示的。

聪明的船长

答案：船长让船员们排成一个圈的一列队，从数字 1 开始，每数到第九的船员被扔下水。B 国船员的数字是：1、2、3、4、10、11、13、14、15、17、20、21、25、28、29。不幸的 A 国船员所站的位置则是：5、6、7、8、9、12、16、18、19、22、23、24、26、27、30。

聪明的小孩

答案：小孩以自己的身份去租，那么就符合房东的条件了。

如何赢得比赛

答案：让对方进球，然后加时再打。

巧妙的分法

答案：先把 13 斤的倒满，然后用

13 斤的倒满 5 斤，这时 13 斤中就有 8 斤，也就是 1/3 了，将这些倒入 11 斤容器中。再用 5 斤和剩余的倒满 13 斤的，重新来一次，就完成了。

有毒的威士忌

答案：毒在冰块里，哥哥先喝了半杯，那时冰块还没融化，而弟弟喝得比较慢，冰块慢慢化了，弟弟因此而中毒身亡。

黑屋子

答案：杰克进去开灯，尸体横在门口，他却没有被绊倒，说明他早已知道那里有具尸体。

浴缸里的尸体

答案：是由于没有打开电灯知道的。如果小华是昨晚 11 点左右入浴室后猝然死去的，那么浴室里的电灯一定是开着的。李彬把尸体送到别墅时，天已大亮，因此，他根本没想到开灯。

肖丽小姐之死

答案：因为大提琴手不会穿着短裙演出的，所以说肖丽要参加演出的李伟一定在说谎。

安妮之死

答案：凶手是安妮小姐的情人，如果是她学生的话她就不会穿着睡衣开门了。

真正的死因

答案：川本事先把钱扔在地上，等小北回来发现硬币弯腰拾钱时，他从二楼窗口朝下射箭。他是杀死小北的凶手。

说谎者

答案：江本一郎是说谎者，也是枪杀森岛的凶手。因为研究所在水下 40 米的地方，大约有 5 个大气压，要想从这样的深度游向地面，必须在中途休息好几次，使身体逐渐适应压力的改变。15 分钟是游不回地面的。

巧妙的推算

答案：在 12 小时内，时针与分针有 11 次重合的机会。我们知道，时针的速度是分针的 1/12，因此，在上次重合以后，每隔 1 小时 5 分钟 27 又 3/11 秒，两针就要再度重合一次。

在午夜零点以后，两针重合的时间是：1 时 5 分 27 又 3/11 秒，2 时 10 分

54 又 6/11 秒，3 时 16 分 21 又 9/11 秒，4 时 21 分 49 又 1/11 秒。最后这个时间正好符合秒针所停留的位置，因此它就是侦探所确定的时刻。

 敲诈案

答案：刘晓峰从电话里得知安霞的消息后，再也没有和安霞通过电话，而安霞却知道他用新买的蓝色皮箱装钱给了赵克，显然她是从赵克口中获悉的。结论非常清楚：安霞与赵克合谋敲诈刘晓峰。

 罪证在哪里

答案：指纹留在了门铃上。

 神秘绑票犯

答案：犯人其实是计程车司机。那名女子事实上和绑票并没有任何关系，她只是受司机之托，从公园把皮箱拿走而已。计程车司机把里面的钱拿出来之后仍把空的皮箱交给那名女子，拜托她放在车站的保管箱里。当然他也给了那女子一些酬劳。

 燃点在哪里

答案：星期天的早晨，牛顿急于上教会，洗脸时，忽有所得，因此脸未擦干，跑到桌前，记下他的构想，脸上的水珠滴下来，掉在玻璃板上。水珠经日光照射，因表面张力的缘故而变成半球形，因此具有凸透镜的作用，而这块玻璃板刚好放在《Princopa》这本书和原稿之间，好像形成一座桥梁，透过水珠的日光照射所集中的焦点，刚好射在玻璃板下的原稿上，因此引起火灾。

 谁是被害人

答案：那具烧焦的尸体上带着方糖，一个男子身上带着方糖出门，按一般人的想法是不可能的事，除非是有什么需要才会带着。这样一想，那具尸体的身份就清楚了。他就是骑马爱好者陈武。那方糖是他在骑马俱乐部练习骑马时喂马用的。

 神秘的枪声

答案：拘留的是姚龙。此人知道被害人当时是在锁房门，而不是在开房门。他一定是一直窥视着这座房子，否则他不可能知道被害人是要出门还是要回家。

 白飞之死

答案：在水下通过一条 6 米长，口

径为1厘米的胶管呼吸，白飞将很快窒息，因为他吸入的正是他呼出的气体，而没有氧气。这简单的医学常识李元当然懂得。所以他是故意借机杀害白飞的。

神秘杀人事件

答案：凶手是王森。从推理的角度来看，先把五个人的名字都看一遍，"赵宇、赵森、刘方、王森、李舟"，你会发现，如果凶手是刘方和李舟，那么被害人只写他们名字中的一个字就可以代表凶手了，因为没有其他人名中有相同的字，比如刘方的"方"或李舟的"舟"字，而"赵宇、赵森、王森"这三个人的名字中有相同的字，如果凶手是赵宇，被害人只写"宇"就可以了，所以不是他。同样，如果是赵森的话只写个"赵"就可以代表他了，所以凶手就只剩下王森了。

谎言

答案：杰克的证词说明他对热带植物的了解少得可怜。很明显，他并没有像他所说的那样看见一只鸟儿在棕榈树上筑巢，因为棕榈树没有树杈，只有一柄宽大的叶子，鸟儿在上面难以筑巢。由此看来他的证词是假的。

经济间谍

答案：村田一郎看到立体电影后发生了心脏停搏。

那些公司老板们在公司内做了一个布景：房间里漆黑一片，在代替屏幕的白色墙壁上映现了放映机放的铁路。远方的列车眼看着向村田一郎逼近。由于村田一郎被戴着立体眼镜，透过眼镜看到的图像有立体感，栩栩如生。列车的声音是通过屏幕后的扬声器传来的。本来心脏就不好的村田一郎信以为真，由于惊恐过度发生了心脏停搏。

伪装溺水案

答案：罪犯使用了麻醉药。与被害人一起钓鱼的罪犯，在下午3点钟离开时用麻醉药使被害人睡着，然后离去。不久，被害人从昏睡中醒来想爬起来时，因身体摇晃站不稳，致使船翻而落水溺死，时间正是下午5点钟左右，而此时罪犯已在电车上了。

扑克占卜师之死

答案：凶手是宠物医院的院长。扑克牌里的方块Q是女王，也就是女人。3个嫌疑犯中只有宠物医院院长是女性。职业棒球投手和歌舞伎演员都是男

性。被害人为暗示凶手是女人，临死前抓到了方块 Q 这张牌。

巧妙的毒杀案

答案：是使用了胃吸管。该医生在妻子吃了有毒的感冒药死后，悄悄溜回来用医用吸胃导管插入死者的胃里，将溶化的胶囊和氰酸钾吸出来。并且，又以同样的方法将威士忌酒心巧克力用温水调化后注入死者的胃里。当然，那威士忌酒心巧克力的溶液里也掺了氰酸钾。这样，即使解剖尸体的胃，里面残存的只有未经消化的威士忌酒心巧克力，所以高夫人被误认为是吃了掺有氰酸钾的酒心巧克力致死的。

失踪的邮票

答案：海鸥是逆风起飞的。海鸥起飞时足迹的方向证明风是从大海吹来的，而不是从陆地，所以那张邮票决不会被穿堂风吹进大海。

谁是贼

答案：大副、水手、旗手、厨师四个人的话中，很明显，旗手的话是有破绽的。他说："我把旗挂倒了，当时我正在把旗子重新挂好。"事实是，英国的船只驶入日本领海，无论是挂日本旗，还是挂英国旗，都不存在挂倒的问题。所以旗手是说谎者，他就是罪犯。

高明的小偷

答案：是那位小姐偷了小伟的钱包。因为，假设是其他两个人的话，他们必定连小伟最先偷的那位小姐的钱包一起偷走才对。就算他们没有将所有钱包都偷走，也不会知道小伟衣袋里的哪个钱包是小伟的。

谁是凶手

答案：杰姆怀疑送奶工是凶手，打匿名电话的是送奶工，他以为警察接电话后很快就会开始侦破，因此他不必再送奶了，因为现场有两份报纸，却连一瓶牛奶也没有。

小丑雕像

答案：因为那个房间里原本没有什么雕像，伪装成雕像的小丑其实是个入室抢劫的贼。

假证据

答案：刑警见易拉罐没出泡沫便起了疑心。

如果是海拔 3500 米的高山，气压很低，所以一开盖，啤酒沫会冒出来的。而且，登山途中，啤酒装在背包中晃来晃去，这样啤酒沫就更易冒出来。

 作家的遗书

答案： 现场的文字处理机的电源插销没插。这就是说用的是内存电池，但是就目前的技术，不用外接电源机器可连续工作两天这是不可能的。最长超不过10个小时。大概是罪犯预先将掺有毒物的葡萄酒送给作家，约摸作家喝了酒已中毒死亡时再潜入别墅，用自带的软盘调出遗书留在画面上，时间恐怕也就是尸体被发现的数小时前。键盘上所以没留下除死者外其他人的指纹，是因为软盘是罪犯自己带来的，只用调出功能将文件调出即可。

如果这样，戴上手套只按几个键就可以了，指纹也不会留在上面，而其他键上的指纹都是作家自己留下的。

 垂钓者

答案： 私人侦探说，刺客从背后过来时，他从水面上看到了刺客的身影，这是在撒谎。

池塘的水面是水平的，在垂钓者的下方。池畔边的人能看到映在水面上的只能是自己前方的人。只要不是用倾斜

的镜子，是映不出身后的人影的。

 自杀还是他杀

答案： 凶手事先预订好被害人楼上相同的房间，然后给被害人的房间打了个电话，装作是熟人，"我现在在你的窗下，你从窗户探一下头好吗？" 就在被害人从窗户探出头来的一瞬间，凶手用事先准备好的大冰块照着被害人砸下，将其砸下楼。赶巧正在下雪，所以凶手大概以为粉碎的冰块会被雪埋上。然而，个别冰块还是被刑警发现了，于是断定是他杀。

 被毒蜂螫死

答案： 人体内有一种过敏的奇特现象。如果将某种特定的动物分泌液注射给人，过后再有与此相同成分的物质进入体内，就会出现强烈的过敏，受刺激而死。

譬如，若注入鸭蛋的蛋清，起初不会发生任何事，但一星期后如果再注入相同的蛋清，就会当即死亡。

罪犯是应用了这种过敏现象。该罪犯是个医生，他谎称和蜜蜂的毒素相同成分的毒是什么预防药而给被害人注射到体内。几天之后，再将一只毒蜂偷偷放入车中，被害人在被螫后出现过敏现

象致死。

 被盗的英国纯种马

答案：将横列和竖列中央栏中的纯种马各减少2匹，在4个角上的栏中各增加一匹即可。这样，就可以盗出4匹纯种马。而且，横列和竖列栏中的纯种马的数量没变，所以小强即使每晚检查数量，也是不会有所察觉的。这是通过改变东西的排列顺序而在数量的增减上做文章的方法。

 谁是真凶

答案：凶手是被害人的外甥。要隐瞒罪行，只要将尸体处理掉就不会留下任何证据，何况是在一望无际的太平洋上，而凶手却将尸体留在甲板上。

如若抛尸海中，尸体不会马上找到。这种情况，在法律上一般视为失踪（失踪的时效为七年）。那么遗嘱在时限内不具有法律效力，也就是在宣布失踪人死亡之前哈格不能继承遗产。

所以，因赌博而债台高筑的哈格为了早日继承遗产，而有意将尸体留在了甲板上。

 证词可靠吗

答案：问1：练马33升32——18；

问2：奔驰；

问3：女的；

问4：皇宫前方向；

问5：下午2点左右；

问6：车前方左拐角有一辆自行车；

问7：一对恋人（或夫妇）和一个小孩。

 谁盗走了钻戒

答案：强盗就是管理员饲养的猴子。除了人之外，有指纹的动物，只有猴子和袋熊。

 奇怪的长相

答案：凶手就是圆脸的人。那么董宁目击的人又是何人呢？

为了消除这个疑问，让我们来做个实验。

假如你身旁有一个圆脸的人，你用一张纸，在中间弄一个竖长的洞，再让圆脸的人在你眼前迅速走来走去，这样你从缝隙中看到的就是细长脸而不是圆脸，这只是错觉。

董宁因是从窗户细长的缝隙中看到的，所以将圆脸的凶手错看成细长脸的人了。

谁杀了考古学家

答案：秘书是用电热毯裹着尸体保温的。

美艳之死

答案：凶手是死者的那个妹妹，她先在屋里把死者杀死，然后在桌腿上绑上细绳，穿过虚掩的窗户，再穿过流水铁管的孔，回到自己的房间，然后等阿丽上来时，拉动绳子把桌子拉翻，制造响声，绳子也从流水铁管拖了下去，再通过流水铁管喊出很低的救命声，所以阿丽听见的呼救的声音很小。

失火案

答案：有嫌疑，他先在室内放满煤气，然后再用电话来引爆！

自编骗局

答案：因为债主知道王先生在说谎，这一切其实是一个自编自导自演的骗局。债主在替王先生松绑时，发现捆绑方法非常简单，他轻而易举地便解开了，就连王先生自己，相信也能解开。但如果真的是劫匪捆绑的话，绳子绝对不可能这么轻易地被解开。否则，他可真是一个笨贼了！

宝藏的藏身地

答案：太阳在正南方时，树枝的影子最短，把这个影子延长，可画出南北方向的直线，从而得到上午与下午的时间。中午时两个影子相叠，此时将影子顶端连起，画出东西方向的线，进而找到藏宝地点是在傍晚向东行 10 米左右，便可挖到宝藏了。

证人

答案：A 用录像机预先录下节目，杀人后再请 B 来饮酒，然后重播该节目，B 是酒徒，醉醺醺地根本不知时间，因此无意中做了 A 的证人。

银行的绝招

答案：该银行发出的支票上都涂抹有细菌的芽孢。当罪犯偷窃到支票后，手上便会牢牢地沾上这肉眼看不见的细菌芽孢，从而留下作案的印记。

巧妙的谋杀

答案：他们先在儿子的房间把枪架好，目标是瞄准那棵树。张雄故意选在那棵树前给他侄女照相。他的夫人摔酒杯也是事先安排好的杀人指示。他们的儿子一听到酒杯声，就扣动了扳机。

是血液，不是皮肤。

 聪明的守夜人

答案： 对于盲人来说，停电与不停电没有区别，相反，盲人在黑暗中比明眼人行动更方便。

聪明的小偷

答案： 他是踩着高跷进去的。

 毒蛇咬人

答案： 蛇的毒液是不会残留在人的身上的，应该在体内。蛇咬人，中毒的

高手进阶

推理训练指数：☆☆☆☆☆

TUILIYOUXI
GAOSHOUJINJIE

　　本部分为推理游戏的中级阶段，内容虽然有难度，但是通过仔细分析与推理就可以得到答案；可以进一步提高学生的推理能力；将带领你在充满乐趣的挑战过程中，全面提升各种能力。在阅读过程中，你可以充分运用自己拥有的各种能力，多角度地审视问题，将所有线索纳入思考中。这部分内容中那些看似毫无破绽的作案手段以及意想不到的结局，可以使读者以更为紧张的心理状态，带着疑惑和推测，跟随故事的发展，享受惊心动魄的破案旅程。

凶器

戴维看到儿子在航模比赛的决赛中输得一败涂地，伤心透顶。

作为一个航空模型运动员，戴维自己未能登上冠军的宝座，于是就把希望寄托在儿子身上。整整8年的努力，今天却化为泡影。失望至极的戴维不愿看儿子领取亚军奖杯，提前15分钟离开赛场回家。

满心以为妻子会安慰自己几句，不料妻子一看见戴维那副颓丧的模样，顿时火冒三丈地责骂起他来。她责骂戴维是个不负责任的丈夫，工作不好好干，赚不到钱，却把她辛辛苦苦挣来的薪水大部分花费在航模材料上；责骂他将儿子引入歧途，使儿子迷恋航模运动，致使学习成绩大幅度下降，本学期考试2门功课不及格，面临留级的耻辱。戴维克制着熊熊燃烧的怒火，避开妻子躲进儿子那摆满航模的房间，只有在航模的世界里，他才能找到宁静。岂料不肯罢休的妻子冲进房间，用拖把砸起航模来，并大声说道："滚出去！离婚！再也不要见到你！"戴维忍无可忍，在喝令妻子住手无效的情况下，终于操起制作航模用的刀具……

10分钟后，戴维拨通了"110"电话报警，称自己刚到家就发现妻子被杀。警察迅速赶到现场后，经过4个小时的勘查，基本排除了外来人员作案的可能，把疑点集中到戴维身上。然而戴维以沉默来对付审讯。警察搜查了整幢4层高的公寓楼，甚至对周围地区也像工兵探雷般进行了搜索，可依然找不到凶器。侦查工作陷入了僵局，直到两个星期后，才在邻近的8层高的"希望大酒店"屋顶发现了带血的凶器。警察们迷惑了，按照时间推算，凶手似乎不太可能在10分钟内跑到酒店屋顶上抛弃凶器的。

聪明的读者，凶器怎么会到那里去的呢？

 死里逃生

古时候，有一个国家有一种奇怪的习俗，凡是依法被判处死刑的人，在处死之前，要抽签请神做最后的裁决：法官在两张小纸片上分别写上"生"和"死"两个字，凡能抽到"生"字的死囚，就可以幸运地得到赦免；而抽到"死"字的死囚，立即被当众处死。

有一次，一个无辜的农夫被官府里的一个仇人陷害，法官判了农夫死刑。在处决的前一天，仇人为了不让农夫得到赦免，就把写着"生"字的小纸片偷了出来，换成"死"字的小纸片。这样，无论农夫抽到两张纸片中的哪一张，都难逃一死。仇人的诡计被同情农夫的一个小吏发现了，小吏连忙以探监为名告诉了农夫，并要农夫请求法官检查两张小纸片，当众揭露仇人的阴谋。农夫听了眼睛一亮，十分惊喜。奇怪的是，他除了向小吏表示感谢外，还再三叮嘱小吏，千万不要把此事泄露出去，他说他自己有办法死里逃生。

聪明的读者，你知道农夫是怎么死里逃生的吗？

巧识门牌号

麦克住在第十三号大街，这条大街上的房子的编号是从13号到1300号。黛尔想知道麦克所住的房子的门牌号码。

黛尔问道："它小于500吗？"麦克作了答复，但他讲了谎话。

黛尔问道："它是个平方数吗？"麦克作了答复，但没有说真话。

黛尔问道："它是个立方数吗？"麦克回答了，并讲了真话。

黛尔说道："如果我知道第二位数是否是1，我就能告诉你那所房子的号码。"

麦克告诉了他第二位数是否是1，黛尔也讲了他所认为的号码。但是，黛尔说错了。

聪明的读者，你知道麦克住的房子是几号吗？

巧猜字母

A先生："让我来猜你心中所想的字母，好吗？"B先生："怎么猜？"

A先生："你先想好一个拼音字母，藏在心里。"B先生："嗯，想好了。"

A先生："现在我要问你几个问题。"B先生："好，请问吧。"

A先生："你所想的字母在CARTHORSE这个词中有吗？"B先生："有的。"

A先生："在SENATORIAL这个词中有吗？"B先生："没有。"

A先生："在INDETERMINABLES这个词中有吗？"B先生："有的。"

A先生："在REALISATON这个词中有吗？"B先生："有的。"

A先生："在ORCHESTRA这个词中有吗？"B先生："没有。"

A先生："在DISESTABLISHMENTARIANISM中有吗？"B先生："有的。"

A先生："我知道，你的回答有些是谎话，不过没关系，但你得告诉我，你上面的六个回答，有几个是真实的？"B先生："三个。"

A先生："行了，我已经知道你心中的字母是……"

聪明的读者，你知道了吗？

 巧妙的自杀

刚来到办公室，张总接到了妻子打来的电话。"是您……大事不好，萧雅……萧雅自杀了。"妻子惊慌失措地说。"啊，什么时候？在哪里？""城北陵园，刚才接到城北警察署打来的电话。要我马上去确认死者身份……"张总立刻出门，驾车向家中驶去，带上焦急等待的妻子，向城北署驶去。"这次是用什么自杀的？""氰酸钾。"警察说，"萧雅昨夜车停在灵园，坐在车内服毒而死。今天早上被灵园管理员发现……愚蠢的萧雅啊！"妻子泣不成声。

萧雅和张妻是孪生姐妹，是闻名的孪生歌手。张妻两年前引退，与经理——张总结了婚，而萧雅的恋爱运气不佳，她恋上了已有妻室的电视导演。

"自杀原因仍是因为王虎吗？"

"我想是的。"

"已通知他了吗？"

"没有。我讨厌见到他。"张妻厌恶地说。

王虎就是那位电视导演，身高一米八，风流倜傥。两人的关系被他妻子知道后，萧雅曾在去年年底自杀过一次。

到了城北署，警察把他们带往灵园。遗体放在管理事务所的一间屋里。盖着白色罩布的萧雅的脸上意外的平静，张妻抽了口气，把脸埋在张总肩上。"死因是氰酸钾中毒。掺在可乐中喝了，从可乐的瓶子上，只验出本人的指纹。这是遗书，在手提包里。"刑警说道。遗书是用圆珠笔在便笺上潦草写成的："姐。我是个愚蠢的女人，带上我的那份幸福生活吧。"

"肯定是本人的笔迹吗？"刑警问。

张妻默默点了点头，然后悄悄对张总说："和去年自杀时写的一模一样。"张总把去年秋天自杀未遂的事讲给刑警听。

"不错，的确如此。自杀者有反复自杀的毛病。遗书写着同样的话，也屡见不鲜。"

"死者已妊娠四个月。"刑警补充道。张总和妻子吃了一惊。

"是啊，这大概是她自杀的原因吧。死亡原因很清楚，所以没解剖尸体，现在可以领回遗体了。"

张总和妻子给萧雅穿上生前的衣服。遗体决定由殡仪馆运走。张总向刑警问萧雅的车放在哪里。刑警告诉张总在现场，因为怕万一出现疑点，因此车还是原封不动放着。不过既然没有问题了，那张总就可以把车领回了。刑警坐上张总的车，一起来到现场。萧雅的车停在墓地里的空地上，那辆车是张妻当歌时，和萧雅共同使用的，张妻和张总结婚后，由萧雅专用。

"只从驾驶座上搬出尸体，车上一切都没动。今早发现车时，引擎已熄火，灯也灭了。"刑警说。

"车门锁着吗？"

"助手席的门没锁，所以没用钥匙就搬出了尸体。"

张总打开车门，看了看车内，钥匙原封不动地插在点火开关上，助手席的座位上，没有可乐的污迹。

张总和妻子站在萧雅的车旁，眺望这一带，深更半夜，萧雅在这令人毛骨悚然的墓地，独自在车内服毒吗？张总胸中闷得难受，张妻也是一样的心情。

"这部车我开回去吧。"

"不，我来，我习惯开这部车。"

"不要紧吧。"

"没事。"张妻坚毅地回答。

她坐到驾驶座上，紧握方向盘，闭上一会儿眼睛。张总回到车里，把车到到路上，张妻也发动了引擎。缓慢开

动，但她马上又停住车，从车上下来。张总一看，原来妻子在调整左右两旁汽车后视镜的高度。她再次回到驾驶室后，对张总做了个OK的手势。他们回到事务所，刑警交给张总一张表格，是死亡诊断书，交给政府机关，就可以允许火葬了。

"麻烦您了，很对不起，这个案子已最后判定为自杀了吗？"

"是的，既有遗书，死因也很清楚，所以……"

"但是，我看不能只单一认为是自杀。"张总毅然说。张妻也吃了一惊，望着张总。

刑警表情立刻变得严峻起来。"您发现了什么疑点了吗？"

"是的，遗书还没经过准确的笔迹鉴定，不敢肯定是不是伪造的，但是可以断定小姨子不是在这陵园自杀的。"

"有证据吗？"

"是的。"张总说出证据后，刑警思考片刻后问张妻："夫人身高多少？"

"一米五七。"

"不错……如果您丈夫所说属实，这便是一起巧妙伪装的自杀案，马上再侦查，那个王虎导演的住所在哪里？"刑警拿出本子记下。

聪明的读者，张总发现伪装自杀的

证据究竟是什么呢？你知道吗？

 越狱

在一个寒冷春夜。有名的侦探川本一郎刚准备出门去澡堂，手下的田野一郎慌慌张张地跑来说："头儿，有一个男人，很像通缉令上的罪犯，正在三岛街的荞麦面馆里喝酒。"田野一郎说着，从怀里掏出一张画像给川本一郎看。这是官府上月发下的通缉令。上面画的是一个名叫野腾的扒手。

"没搞错吧？"

"右眼外眼角有黑痣，跟画上的一模一样。"

"好，去看看。"

川本一郎匆匆整装，带上捕棍，急忙赶往三岛街。

正是吃晚饭的时候，荞麦面馆里的客人混杂拥挤。

"头儿，就是那家伙。"顺着田野一郎悄悄指的方向望过去，只见角落的座位上，一个背对着他们的三十岁左右的男人，正在吃面，旁边放着三个酒壶，大概酒已喝完了。

川本一郎走上前，把捕棍往那男人肩上一放，正在吃面的男人突然肩头一震，他慢慢放下筷子抬起头。这人的确酷似通缉令上的罪犯。

"对不起，可以跟我到看守所去一下吗？"

"找我干什么？"那男人很沉着。

"别装蒜，你就是野腾三太，放老实点。"田野一郎把通缉令的画像摆到他面前，狠狠地训斥道。

"哪儿的话……偶然相像啊，我叫麦吉，是卖妇女化妆用品的商人。"

"住所在哪里？"

"佐贺城。前几天，我也曾被误认为通缉令上的犯人，没想到又遇上麻烦……"麦吉苦笑着说。

这时，面馆送饭的伙计野君从厨房出来，帮他说话："头儿，麦吉是我的朋友，绝不是通缉的坏人，他常常经商顺道来这里。

川本一郎没有轻信野君的话。麦吉太像罪犯了，不能放过他。另外，把捕棍放到他肩上刹那间的反应，川本一郎便感到有问题。

"不管怎样，请到看守所去吧。"

他把麦吉带走了。走到半道，野君也赶来，他担心地问："他没事吧？"

在田野一郎的驱赶下，野君只好垂头丧气回去了。

麦吉被带进了三岛街的看守所。因为不是在偷盗现场被捕，检查他的随身物品，没一件定罪的证据。

"我马上就去佐贺调查你的身份，晚些时候回来。很遗憾，今晚就请你住这里。"川本一郎说。麦吉嘲讽地回答道："如果能解除对我的怀疑，很高兴住一夜。"行商的男人，镇定自若。看守所有一间三铺席大小的牢房。进入牢房之前，川本一郎对麦吉的所有物品都进行了仔细检查。手巧的小偷，只要有根细钉，就能轻而易举地打开牢房的锁。对麦吉所携物品一概没收，穿的衣服和鞋子全经过认真检查，连麦吉的发髻都没放过。

"头儿，什么都没有。"

"好，把麦吉关到里面去。"

麦吉被关进牢房，川本一郎关上门用荷包锁锁上。

这里，一般都由看守看管。恰巧这天晚上，看管为遇到不幸的亲戚守灵去了。因此由田野一郎替他值班。

第二天一早，田野一郎慌慌张张跑到川本一郎家："头儿，不好了。"

"发生了什么事？一大早就吵吵嚷嚷的。"

"麦吉逃跑了。"

"什么？逃跑了……什么时候？"

"今天早上，我一醒来，发现牢房空了。所以……头儿，实在对不起。'田野一郎低头谢罪。

"走，去看看。"川本一郎赶到三岛街的牢房一看，牢门开了，打开的荷包锁掉在地上，锁上还插着钥匙。

"喂，田野一郎，这把钥匙是怎么回事？"川本一郎从锁上拔下钥匙。

钥匙约一寸长，是用旧钥匙锉制的牢门钥匙。

"麦吉这家伙，用这把钥匙打开锁逃跑了。"田野一郎说。

川本一郎非常奇怪："可是，他从哪里搞到手的呢？"

昨晚把麦吉关入牢房前，已认真检查过，他绝对带不进牢房钥匙。而且，他也不会事先预料到要被川本一郎抓住，关押在这间牢房里，他不可能事先准备好这间牢房的钥匙。

"田野一郎，你的备用钥匙在哪里？"

"带在身上，昨晚睡觉时还裹在了腰带里。"田野一郎从怀里掏出带着木扎的钥匙给川本一郎看。

川本一郎把两把钥匙一比，田野一郎的钥匙有两寸长。

"麦吉究竟从什么地方搞到这把牢门的钥匙呢？"田野一郎愁眉苦脸地问。

"哎，这个大碗和竹皮是什么？"在牢房角上，川本一郎发现荞麦面碗和沾着饭粒的竹皮。

"昨天给麦吉送来的。"

"谁送的?"

"荞麦面馆的野君……一碗荞麦面和两个饭团,用竹皮包着拿来的。"

"你怎么不检查这些东西,就让他交给麦吉呢?也许饭团和荞麦面里藏着牢房的钥匙。每次订饭都由荞麦面馆送,他乘机印上牢房钥匙的模型,复制一把非常简单。"

"头儿,我不会那么粗心。送来的东西,我在交给麦吉前,都作了彻底地检查。饭团全掰碎了,荞麦面也用筷子搅过。就连汤底下也都检查过了,那些东西里怎么也藏不了牢房的钥匙。"田野一郎说。

"也许当时野君靠近牢房,亲手交给了麦吉呢?"

"怎么会呢?我一直监视着一步也没让他接近牢房。"

"此外,还有谁来过牢房吗?"

"没有人。"

"你一次也没出去过?"

"对,一次也没有。"

"睡觉时,窗户关严了吗?"

"关好了,从外面肯定钻不进人来帮助麦吉逃跑。"

"尽管这样,今天早上你起床时,麦吉早已逃跑了……"

"真没脸见人。"田野一郎缩着肩膀,矮了一截。

"看来,还是野君值得怀疑,一定是他瞒过你眼睛,把牢门钥匙交给了麦吉。"川本一郎说着,把装面的大碗和竹皮拿在手上想了一阵:"对,我知道了,是野君这家伙用巧妙的诡计,把钥匙交给了麦吉。田野一郎,马上把野君抓来。"

"是。"田野一郎立即赶到荞麦馆,但送饭的野君和麦吉已一起逃跑了,他们是同伙。

那么,根据川本一郎的推理,野君怎样把钥匙交给麦吉的呢?

聪明的读者,你知道吗?

离奇盗窃案

某星期六晚上,一家乐器商店被盗。盗贼是砸碎了商店一扇门上的玻璃窗后钻进店内的。他撬开三个钱箱,盗走12万元,又从陈列橱窗里拿了一只价值1.4万元的喇叭,放在普通喇叭盒里偷走了。

警方对现场进行了仔细调查,断定窃案是对乐器商店非常熟悉的人干的。警方把怀疑对象限定在蒂克、蓬莱和里德里三个少年学徒身上,认定他们三人中肯定有一个是罪犯。

三个少年被带到警官先生面前，桌子上放着三支笔和三张纸。警官对他们说："我请你们来，是想请你们与我合作，帮我查出罪犯。现在请你们写一篇短文，你们先假设自己是窃贼，然后设法破门进入商店，偷些什么东西，采取什么措施来掩盖罪迹。好，开始吧，30分钟后我收卷。"半小时后，警官让他们停笔，并朗读自己的短文。

蒂克极不情愿地读着："星期六早晨，我对乐器店进行了仔细观察，发觉后院是最理想的下手地点。到了晚上，我打碎了一扇边门的玻璃窗，爬了进去。我先找钱，然后从橱里拿了一个很值钱的喇叭，轻手轻脚地溜出了商店。"

轮到蓬莱说了："我先用金刚刀在橱窗上剖了个大洞，这样别人就不会想到是我干的。我也不会去撬三个钱箱，因为这会发出响声。我会去拿喇叭，把它装进盒子里，藏在大衣下面，这样就不会引起人们的注意。"

最后是里德里，他说："深夜，我在暗处撬开商店边门，戴着手套偷抽斗里的钱，偷橱窗里的喇叭。我要用这钱买一副有毛衬里的真皮手套，等人们忘记这桩盗窃案后，我再出售这只珍贵的喇叭。"

警官听完，指着其中一个说："小家伙，告诉我，你为什么要干这种坏事？"那个少年惊恐万状。

聪明的读者，这个少年是谁？警官凭什么识破了他？

凶器是什么

一个冰冻三尺、朔风怒号的上午，风景区管理员张林虽然估计今天不会有游客，但还是准时开了景区园门。岂料开门不久，便有一对青年男女情意绵绵地依偎而入。

细心的张林觉得有点反常，便注意了一下青年男女的表情，发现两人的情绪都显得有些沉闷、烦躁。

大约20分钟后，正在景区门口扫地的张林，突然听到景区内钟乳洞方向传来一声尖叫，他赶紧丢下扫把向钟乳洞方向跑去。在进入洞口后，距离洞口五六米的地方，他发现刚才入园的女青年已被人杀害躺在血泊中，而男青年则抱着尸体正恸哭不已。

张林询问男青年，男青年说，他刚进入洞中时，因鞋跟松动，便停下来修理鞋跟。女青年出于好奇，先入洞观景，刚走出20步开外，他便听到惨叫声，跑过去时，发现一个黑影向洞内深处跑去，女青年已被人用利器刺中颈部死亡，且颈上的一条金项链被抢走了。

张林赶紧回门口打电话报警。刑警和法医赶到后，刑警彻底搜查了只有一个出入口的钟乳洞，没有发现其他可疑的人，也没有发现可以致女青年死亡的利器。法医勘查完女青年尸体，又分别向张林和男青年询问了一些似乎无关紧要的情况。最后，法医认真思考了一会，建议刑警将男青年拘留，因为正是他杀死了女青年。男青年大呼冤枉，他责问法医，若自己是凶手，那么是用什么凶器行凶的？法医沉着地笑而不答。张林却从法医的笑中悟出了凶器是什么。

聪明的读者，你知道吗？

凋谢的玫瑰

迈克尔租用的房间只有一扇窗和一扇门，而且都从里面上锁了。警察们小心翼翼地弄开门，进入房间，只见迈克尔倒在床上，中弹死亡了。

警官打电话给侦探长，向他报告了情况："今天早上第103街地铁车站那儿卖花的小贩打电话报警，说迈克尔在每个星期五晚上都要到他那里买13朵粉红色的玫瑰，已经10个年头了，从未间断过，可这两个星期他都没

去。那小贩有点担心出事，就给我们打了电话。初步看来，迈克尔像是先锁上了门和窗，然后坐在床上向自己开了枪。他向自己的右侧倒下去，手枪掉到了地毯上。开门的钥匙在他的背心口袋里。"

"他买的那些玫瑰怎么样了？"侦探长问道。

"它们都装在一个花瓶里，花瓶放在狭窄的窗台上，花都枯萎凋谢了。另外，据我们分析，迈克尔死了至少已有8天了。"

"整个地板都铺了地毯吗？"

"是的。一直铺到了离墙脚1英寸的地方。"警官回答。

"在地板、窗台或者地毯上有没有发现血迹？"

"只有一点灰尘，没有别的东西。只在床上有血迹。"

"如此说来，你最好派人检查一下地毯上的血迹。"侦探长说道，"有人配了一把迈克尔房间的钥匙，他开门进去，打死了正站在窗边的迈克尔，然后，凶手打扫清洗了所有的血迹，再把尸体挪到床上，使迈克尔看上去像是自杀。"

聪明的读者，侦探长为什么如此推断呢？

入室抢劫案

王先生一向都是乘星期五上午9点53分的快车离开他工作的城市，在正好两个小时后到达他郊外的住宅。可是有一个星期五，他突然改变了他的习惯，在没有通知任何人的情况下，他坐上了那天夜里的火车。

回到家里已近午夜零点，他听见他的秘书正在地下室的酒窖里面喊"救命"。王先生砸开门，将秘书放了出来。

"王先生，您总算回来了！"秘书说道，"一群强盗抢了您的钱。我听见他们说要赶今天午夜零点的火车逃走，现在还剩几分钟，怕来不及了！"

王先生一听钱被盗走，焦急万分，便请张探长来调查此事。

张探长找到秘书询问，秘书答道："他们逼我服下了一粒药片——大概安眠药之类的东西。我醒来时，正赶上王先生下班回来。"

张探长检查了酒窖。这是个不大的地窖，四周无窗，门可以从外面锁上，里面只有一盏40瓦的灯泡，发出不太明亮的光，但足以照明了。

张探长在酒窖里找到了一块老式机械表，他问秘书："发生抢劫时你戴着这块手表吗？"

"呃……是的。"秘书回答。

"那么，请你跟我们好好说说，你把钱藏在哪儿了。你和那些强盗是一伙的。"

秘书一听，顿时瘫倒在地。

聪明的读者，你知道探长是如何识破秘书的诡计的吗？

离奇的死亡

被害者倒在客厅地板上，他是被一条晒衣服的尼龙绳勒死的！

凶手和死者一定有相当亲密的关系，所以死者一点警戒心都没有，一定是在谈话的时候，突然受到了袭击。但是为什么凶手把绳子套在死者的脖子上，而死者生前一点反抗的迹象都没有？大概是凶手的力气太大，一下子就断气了。从死者颈骨折断的情况来看，很显然受到了外力的重击。接到报案的法医、刑警及鉴定人员都迅速赶到出事现场。

他们到达时已经是上午8点多钟。根据法医验定，死者是于昨晚10点多钟被害，距离现在已经过去了10小时。

被害人赵益财，是一家小企业公司的总经理——62岁。他的太太李娥——59岁，10天前出了车祸，正在医院治疗，这一对夫妻真是祸不单行啊！

赵先生有四个孩子，都已经成家立业，独立生活。

长子——赵中，36岁，公务员，有两个孩子。长女——赵华，33岁，嫁给一位公司里的职员，目前也有两个孩子。次子——赵民，29岁，是公司的职员，有一个孩子。小儿子——赵国，24岁，还是单身，在保险公司当业务员。

发现死者的是隔壁的一位邻居，因为赵太太车祸住院，她特地来帮忙处理家事。每天早上7点30分来，中午以前回去。今天早上也是一样，按了半天门铃仍不见赵先生来开门。平时赵先生都起得很早，不知发生了什么事？她只好从旁边的窗户爬进去，卧室里没人，打开客厅门吓了一大跳，赵先生横尸在地上……除此之外，没有别的线索。

王警官想到，昨天晚上10点多，一定有和死者平日熟悉的人来过。例如：外务人员、公司干部或者是贸易商……只要是和他有关系的人都有嫌疑。虽然赵氏企业不大，但他是总经理，总有人会动歪脑筋。如果不是公司的人，那就是他的家人喽！也就是说他的儿女们都有嫌疑。王警官就把搜查的范围缩小到赵家四个孩子身上。

谋杀亲生父亲，在今天这个社会是绝对不能容忍的。虽然说有的家庭父母和儿女犹如陌生人，也有彼此之间只靠金钱来维系关系的……但这四人中一定有人昨晚来到此，向父亲借巨款，倘若遭到拒绝，气愤之下他会怎么做？如果身边刚好又有尼龙绳……

尸体决定解剖，缜密的搜索仍在进行……不久，鉴识科的报告出来了！报告上显示出现场有多种指纹，但只有尼龙绳上没有，这个结果早在王警官意料之中，所以他并不觉得惊讶！

赵家四兄弟，除了被侦讯外，也核对了指纹。家中里里外外的东西，都是他们四人出钱买的，所以都相当熟悉。调查他们昨晚的行踪表明，赵中下班之后，就去啤酒屋和同事们喝酒，差不多一个半小时之后，和同事分手，又跑到另一家酒吧去喝酒，回家时差不多11点了。王警官查不出他在第二家酒吧的证明，所以赵中的行踪交代不清。长女赵华在家照顾小孩。那么赵民又去哪儿呢？他表示自己一个人去看电影，没有人可以证明。三子赵国在朋友家打麻将，但是他是否中途离席？朋友也记不清了，所以仍不能当做证明。

除了赵华之外，其他三个人都有嫌

疑，但是找不出他们犯罪的证据。每个人都有借口。唯一相同的地方，是怎么可能杀自己的父亲？

根据调查，他们兄弟三人生活并不富裕，日子都过得很勉强，如此就有犯罪动机了。但是证物，警方一个也没有。

"我看赵中的嫌疑最大，他的体格最壮，力气一定很大，更何况行踪又交代不清……"刑警这样说着。但是赵民、赵国的力气也差不多，赵国的力气或许还大一些，他的生活不规律，也有杀人的可能性。

此时，进来一位保险公司的业务人员。

"我们从报纸上得知赵先生被杀的消息……不知……可不可以告诉我一些详细状况？"这个业务员慌张地问，"我只有一个疑问……"

"什么疑问？"王警官回答。

"事实上……赵先生和我们公司有巨额的保险契约！"

"保险有什么问题？金额是多少？"

"赵先生投保的是猛犸象保险！"

"猛犸象保险？"

"是的，不是普通的养老保险，是一种意外死亡保险，满期后是全额保险金的10倍，如果不是生病死亡，像

是灾难、意外死亡，保险金为原来的30倍。"

"哦！30倍？……那有多少？"

"赵先生投保的金额是1000万元，病故只要支付1亿元，若是意外死亡，就要赔3亿元，我只想知道……赵先生到底是不是意外死亡？"

"嗯……保险金的受益人是谁？"

"是他太太李娥女士。"

"啊！她10天前因车祸住院了！"

"我们已经知道，所以马上就把保险金付给她，但是关于这件事……"

"嗯，你们的顾虑也对，他的保险……家人知道吗？包括他的四个孩子。"

"我想他们大概不知道，连赵太太也不知道，因为这个保险是赵先生自己去投保的。他希望如果自己发生意外后，还能照顾太太以后的生活。"听说有三个人涉嫌？"

"嗯，但是……目前还不太清楚。"

"警察先生，赵先生真是被谋杀的吗？"

正当业务员这么问时，一个刑警跑进来，告诉他一件很奇怪的事。

"什么事啊？警察先生。"

"不，没什么，那只会使得案情更复杂！"

"更复杂？"

"是的，验尸报告已经送来了，这份文件上有重大的发现！"

聪明的读者，仔细想一想到底是怎么一回事？

 心理测验

某法院正在开庭审理一件预谋杀人案。

华力被控告在一个月前杀害了罗敷。警察和检察官方面的调查结果是：从犯罪动机、作案条件到一切人证、物证都对他极为不利，虽然至今警察还没有找到被害者的尸体，但公诉方面认为已经有足够的证据把他定为一级谋杀罪。

华力请来一位著名律师为他辩护。在大量的人证和物证面前，律师感到捉襟见肘，一时间瞠目结舌，无以为辞，但他毕竟不愧是位精通本国法律的专家，急中生智，突如其来地把辩护内容转换到了另一个角度上，他从容不迫地说道："毫无疑问，从这些证词听起来，我的委托人似乎确定是犯下了谋杀罪。可是，迄今为止，还没有发现罗敷先生的尸体。当然，也可以作这样的推测，便是凶手使用了巧妙的方法把被害者的尸体藏匿在一个十分隐蔽的地方或

是毁尸灭迹了，但我想在这里问一问大家，要是事实证明那位罗敷先生现在还活着，甚至出现在这法庭上的话，那么大家是否还会认为我的委托人是杀害罗敷先生的凶手呢？"

陪审席和旁听席上发出了窃笑声，似乎在讥讽这位远近驰名的大律师竟会提出这么一个缺乏法律常识的问题来。法官看着律师说道："请你说吧，你想要表达的是什么意思？"

"我所要表达的就是这个意思。"律师边说边走出法庭和旁听席之间的矮栏，快步走到陪审席旁边的那扇侧门前面，用整座厅里都能听清的声音说道："现在，就请大家看吧！"说着，一下拉开了那扇门……

所有的陪审员和旁听者的目光都转向那扇侧门，但被拉开的门里空空也也，没有任何人影，当然更不见那位罗敷先生……

律师轻轻地关上侧门，走回律师席中，慢条斯理地说道："请大家别以为我刚才的那个举动是对法庭和公众的戏弄。我只是想向大家证明一个事实：便是即使公诉方面提出了许多所谓的'证据'，但迄今为止，在这法庭上的各位女士、先生，包括各位尊敬的陪审员和检察官在内，谁都无法肯定那位所谓的

'被害人'确实已经不在人间了。是的，罗敷先生并没有在那扇门口出现，这只是我在法律许可范围之内所采用的一个即兴的心理测验方法。从刚才整个法庭上的目光都转向那道门口的情况来看，说明了大家都在期望着罗敷先生在那里出现，从而也证明在场的每个人的内心深处，对罗敷到底是否已经不在人间是存在着怀疑的……"说到这里，他停顿了片刻，把声音提高了些，并且借助着大幅度挥动的手势来加重着语气："所以，我要大声疾呼：在座的12位公正而又明智的陪审员，难道凭着这些连你们自己也存在有疑虑的'证据'就能裁定我的委托人便是'杀害'罗敷先生的凶手吗？"

霎时间，法庭上秩序大乱，不少旁听者交头接耳，连连称妙，新闻记者竞相奔往公用电话亭，给自己报馆的主笔报告审判情况，预言律师的绝妙辩护又可能使被告华力获得开释。

当最后一位排着队打电话的记者挂断电话回进审判厅里时，他和他的同行们听到了陪审团对这案件的裁决，那是同他们的估计大相径庭的：陪审团认为被告华力有罪！

聪明的读者，这一认定又是根据什么呢？

模特儿与男子

一天早晨，在一所高级公寓内，发现了时装模特儿达琳的尸体。她的脖子被勒着，倒在卧室的床边。发现尸体的正巧是尼尔侦探。他是来调查另一个案子时路过此地的，看到门没锁，觉得奇怪，便走进屋子想看个究竟。死亡时间经推定是昨晚9点至10点期间。

"哎，这右手……"尼尔侦探发现被害人右手握得紧紧的，将其掰开一看，看到手指上缠着几根烫过的头发。正在这时，打工的女佣人来了。

"这是凶手的头发，一定是被害人在被勒住脖子而拼命挣扎时从凶手的头上拽下来的。看来是怀恨达琳小姐的人干的。在达琳小姐认识的人中，有没有烫发的人？"

"要说烫发的人，那就是给设计师当助手的奥尔。是住这个公寓9楼的一个年轻人，曾向达琳小姐求婚，但被她拒绝了，一定是怀恨在心而杀了她。"

听了女佣的回答，尼尔侦探向警察报了警之后，来到9楼奥尔的房间。

出来开门的奥尔的确是个卷着金发的男子。看上去刚刚理过发。尼尔侦探将达琳被杀的事情告诉了他，并询问他昨晚9点至10点钟在哪里。

"我在自己的房间里看录像。因为单身，所以没人给我作证。不过我说的是实话，请相信我。"奥尔回答说。

"你是什么时候理的发？"

"昨天中午，可这与案件有什么关系？"

"被害人死时，手里攥着凶手的几根金发。为慎重起见，要和你的头发比较一下，能拔一根给我吗？"

"好，可以。拔几根都行，你们检查吧。"

奥尔拔了二三根头发。

尼尔侦探从口袋里掏出放大镜，比较着奥尔和从被害人手里拿来的金发。

"嗯……完全是同一人的头发！不过请你放心，你不是凶手。"

听了尼尔侦探十分肯定的话，奥尔才放下心来。

"那么，为什么达琳小姐会攥着我的头发？"他感到十分纳闷。

"最近有没有憎恨她的人到你这里来过？"

"不，最近没人来……"奥尔刚说了一半，"啊，差点儿忘了，女佣人来过。每周一和周五女佣人来给我打扫房间和洗衣服。昨天早晨还来给我搞过卫生呢。"

"那个女佣人是不是也去达琳小姐那里打工？"

"对，是的。那个女佣人每次搞完卫生回去后，我都发现我的咖啡和威士忌什么的要少一些。"

"原来如此。谜解开了。凶手就是女佣人。大概因达琳小姐当场发现了她盗窃才被杀害的，她还想嫁祸于你。"

尼尔侦探很快就破了案。那么有何证据？

聪明的读者，你知道吗？

 失踪的凶器

一个漆黑的夜晚，警官赵亮正骑着自行车沿着河边的路巡逻。突然，从下游大约100米处的桥上传来一声枪响。赵亮马上蹬车朝桥上飞奔而去。他一上桥便见桥当中躺着一个女人，旁边还有一个男人，那个男人见有人来，拔腿便逃。这时，赵亮听到"扑通"一声，像是什么东西掉进了河里。

赵亮骑车追上去，用车撞倒了那个男人，给他带上了手铐，又折回躺在桥上的女人身旁。她左胸中了一枪，已经死了。

"这个女人是谁？"

"不知道，我一上桥就见一个女人躺在那儿，吓了我一跳，一定是凶手从河对岸开的枪。"

"撒谎！她是在近距离内被打中的，左胸部还有火药黑色的焦煳痕迹，这就是证据。枪响时只有你在桥上，你就是凶手。"

"哼，你要是怀疑就搜身好了，看我带没带枪。"

那男人争辩着。赵亮搜了他的身，没有发现手枪。桥上及尸体旁也没有发现手枪。这是座吊桥，长30米，宽5米，罪犯在短时间内是无法将凶器藏到什么地方的。

"那是扔到河里了吗？刚才我听到了落水声。"

"那是我在逃跑时凉鞋的带子断了没法跑，就将它扔到河里了，不信你瞧！"那男人抬起左脚笑着说。左脚果然是光着的，只有右脚穿着凉鞋。而且是那种塑料的大号凉鞋。无奈，赵亮只好先将他作为嫌疑犯带到附近的警察所，用电话向总部通报了情况。

刑警立即赶来对现场进行了勘查取证，并于第二天清晨，以桥为中心，在河的上游和下游各100米的范围内进行了搜查。河深1.5米左右，流速也并不那么快，所以枪若扔到了河里，流不多远就会沉到河底的。然而，尽管连电动探测器都用上了，将搜查范围的河底也彻底地找了一遍，但始终未发现手枪的踪迹。

然而石蜡测验结果表明，被当做嫌疑犯的男人确实使用过手枪。他的右手沾有火药的微粒，是手枪射击后火药的渣滓变成细小的颗粒沾在手上的。另外，据尸体内取出的弹头推定，凶器是双口径的小型手枪。那么，凶手在桥上射死了女子后，究竟将手枪藏到哪里去了呢？

聪明的读者，你猜到了吗？

 失踪的新郎

查理和黛娜在海港的教会举行了结婚仪式，然后顺路去码头，准备启程去度蜜月。这是闪电般的结婚，所以仪式上只有神父一个人在场，连旅行护照也是黛娜的旧姓，将就着用了。

码头上停泊着一艘国际观光客轮，马上就要起航了。俩人一上舷梯，两名身穿制服的二等水手正等在那里，微笑着接待了黛娜。丈夫查理似乎乘过几次这艘观光船，对船内的情况相当熟。他分开混杂的乘客，领着黛娜来到一间写着"B13号"的客舱，俩人终于安顿下来。

"黛娜，要是带有什么贵重物品，还是寄存在事务长那儿安全。"

"带着2万美元，这是我的全部财

产。"黛娜把这笔巨款交给丈夫，请他送到事务长那里保存。

可是，左等右等也不见丈夫回来。汽笛响了，船已驶出码头。黛娜到甲板上寻找丈夫，可怎么也找不见。她想也许是走岔了，就又返了回来，却在船内迷了路，怎么也找不到B13号客舱。她不知所措，只好向路过的侍者打听。

"B13号室？没有那种不吉利号码的客舱呀。"侍者脸上显出诧异的神色答道。

"可我丈夫的确是以查理夫妇的名字预定的B13号客舱啊。我们刚刚把行李放在了那间客舱。"黛娜说。她请侍者帮她查一下乘客登记簿，但房间预约手续是用黛娜旧姓办的，是"B16号"，而且，不知什么时候，已把她一个人的行李搬到了那间客舱。登记簿上并没有查理的名字。事务长也说没记得有人寄存过2万美金。

"我的丈夫到底跑到哪儿去了？"黛娜简直莫名其妙。她找到了上船时在舷梯上笑脸迎接过她的船员，黛娜想大概他们会记得自己丈夫的事，就向他们询问。但船员的回答使黛娜更绝望。

"您是快开船时最后上船的乘客，所以我们印象很深。当时没别的乘客。我发誓只有您一个乘客。"船员回答说，

看上去不像是在说谎。

黛娜一直等到晚上，也没见丈夫的踪影。他竟然神不知鬼不觉地消失了。一夜没合眼的黛娜，第二天早晨被一个什么人用电话叫到甲板上，差一点被推到海里去。

那么，她丈夫查理到底是怎么失踪的呢？正在这艘船上度假的侦探尼尔很快查清了这件事的来龙去脉。

聪明的读者，你知道是怎么回事吗？

中尉的密码

A国的一艘巡洋舰"罗德堡"号在波罗的海触礁沉没。B国得到情报后，立刻派出潜艇前去搜索。从这只沉船中，B国的潜水员打捞出许多死难者的尸体，其中的一具，从军装上可以辨认出是一个中尉。这具尸体的胸前放着一只装有绝密文件的铅盒子。

打开铅盒子，B国的潜水员发现了3个密码本：一本是某国海军用的战略密码；一本是某国海军用的战术密码；一本是某国的商用密码。这一发现使另一国欣喜若狂。于是，他们立即组织了一个由本国海军情报局局长雷金尔少将主持，属于海军总部的密码分析机构，代号为"04邮局"。这个密码分析机构

集中了几十名权威的语言学家、数学家和电脑技术专家。经过几个月的紧张工作，终于把大部分密码破解出来了。

依靠这3个密码本，B国源源不断地截获了许多宝贵的情报，其中包括A国在各大洋上舰队的战斗序列、火力分布以及A国派遣在世界各地的间谍活动。而对于这一切，A国还一直被蒙在鼓里，他们还在继续使用这些密码。

下面是B国截获的一组密码：101 100 102 210 001 112。这是A国派驻在C国的间谍拍发给A国情报总部的一份情报。这份情报的内容是以下三者之一："盼归"、"寄款"、"买书"。特别有趣的是，这组密码运用了汉语拼音的规律，而且这组密码运用的是三进位制。

聪明的读者，你知道这组密码是什么意思吗？并请说明理由。

附：三进位制与十进位制对照表：

十进位制	三进位制	十进位制	三进位制
1	001	6	020
2	002	7	021
3	010	8	022
4	011	9	100
5	012	10	101

密室命案

"我无法解释这究竟是怎么回事。"石警长说道。

在他面前的那具尸体背部被人用刀刺穿了，然而死者嘴唇的颜色却告诉他死者曾服用过毒药。

"确实难以理解。"站在他旁边的艾尔小姐说，"我的父亲怎么会既服毒药又被人刺穿了呢？"

"按理来说凶手用一种手段就可以了，为什么偏偏这么做？难道凶手有两个人不成？"石警长又自语了一句。

事情来得太突然了，就在艾尔小姐的生日宴会上，发生了老主人被杀的事情。当时所有的人都在楼下，就在艾尔的男友波特上楼去敲房门的时候发现了不妙的情况，于是跑下楼叫上大伙一起将门撞开，门被撞开后便发现了老主人的尸体，当时屋内窗户都是关紧的，这里形成了一个密室。此外，房间里有一台关着的电脑和一书柜的恐怖小说。死者手边还有一本翻开的小说，看来死者生前正在看书。更为重要的是，这间屋子的钥匙放在一张很普通的桌子的正中央。

"艾尔小姐，桌上的这杯酒是怎么回事？"

"是我父亲上楼之前在餐桌上拿的。"艾尔答道。

"随手拿的吗?"

"是这样的。"

"这刀又是谁的?"

"它一直就在父亲的房间里。本来是挂在门后的。"

"你父亲有锁房门的习惯吗?"

"他一个人在房间时总是喜欢把自己关在里面。"

一位留着长发的小姐出现在石警长面前,她叫爱丽,是艾尔的朋友。

"警长先生,门外有人找你。"她刚说完,石警官就向门外看去,他微笑着说:"是郝侦探啊!您能来真是太好了,我这儿刚好有个棘手的案子。"

"我就是为这事来的。"郝侦探查看了一下周围的人,对艾尔说,"小姐,您是这里的主人?"

"是的。"

"这杯酒……"

"是我父亲随手在餐桌上拿的。"艾尔又解释了一遍。

"是波特和大伙撞开的门。"艾尔补充了一句。

"波特先生,您上来有什么事吗?"

波特抓了抓头发,"我是想借此机会向艾尔的父亲谈一谈我和她结婚

的事,谁知道却……"他不忍再说下去了。

"这是什么?"郝侦探在门外的垃圾箱内找到了一根渔线以及一根针。

"谜团解开了。"郝侦探笑着说。

聪明的读者,您知道这间密室杀人事件是怎么回事吗?

离奇凶杀案

昨日清晨,科学院发生了一件可怕的事,研究生严勤学死在观星塔最高的平台上,身上没有明显的伤痕。经仔细检查,发现严勤学的右眼,被一根长约3厘米的细毒针刺过。在他的尸体旁边,有一枚沾满血迹的针。由现场情况看来,严勤学显然是自己把刺进眼中的毒针拔出来以后才死亡的。此事目前尚未对外公开,也没有查出任何线索,现在整个科学院已经因为这件事,而引起了很大的骚动。

观星塔是个独立单位,而且下面的大门是锁着的,没有钥匙绝对无法打开,门也没撬开的痕迹,严勤学可能是锁好大门才到平台上去的。所以我们推测凶手一定不是从钟楼的大门进去的。

这平台的位置是在四楼的南侧,离地面差不多有26公尺的高度,观星塔的旁边还有一条河流,自钟楼到对岸也

有40公尺的距离，昨夜又刮着很大的风，即使那凶手是从对岸用吹笛把细毒针发射过来，也不可能那么准地射到严勤学的右眼。

可是，严勤学却正是被此毒针射中右眼而死的。那么到底谁是凶手呢？又是用什么方法把人杀死的呢？这真是一件令人百思不解的案件。

科学院的院长把严勤学的死亡，视为自杀事件处理，想在院内简单地替他办葬礼，可是，谁又能相信一向信仰坚强、好学不倦、对大自然充满热爱的研究生，竟会采用这种方式自杀呢？

这时，科学院中的人对此事均议论纷纷，特别是跟严勤学最接近的潘教授，更是不同意院方所下的定论。于是他也展开了调查，决心揪出凶手。

从调查的过程中，知道严勤学为更好地研究太空中的一切，每晚都偷偷地在观星楼认真观察天上星星及月亮的活动，大风大雨也从不间断，这一切的表现，更坚定了潘教授的信心，更坚持了严勤学是被杀而不是自杀的看法。

潘教授调查了跟严勤学最接近的几个学生，又知道严勤学是某富商之子，他有一位同父异母的弟弟。今年夏天，他父亲因病去世，严勤学打算将他所得到的那份遗产，全部捐给科学院。可是

严勤学的弟弟却认为他这种做法相当愚蠢，他曾经威胁严勤学说，如果不马上停止他这不智之举，他就要向法院提出控诉，剥夺严勤学的继承权。"在发生此案的前一天，严勤学的弟弟寄来了个小包裹，小包裹内装的什么东西，严勤学没有告诉任何人，昨天，我来清扫房间时，也没有看到那个小包裹，说不定，凶手是为了窃取小包裹，才对严勤学下毒手的。"院中的清洁工对潘教授教说了以上的话。

此刻，年迈的潘教授望着那水波款款的河水，对办案的警察说："这是我照情形所做的推测，根据常识和观察力来判断案情，是不会相差太远的，在案情未公开之前，能不能叫人在河中进行打捞，我虽有很妙的推理，但若没有证据，是没有人肯俯首认罪的，我这种推理，只不过是一种假设而已。"

聪明的读者，谁是杀害严勤学的凶手呢？潘教授的巧妙推理又是如何呢？

丢失的钻石

1990年5月10日上午9点30分，豪华的"冰山"号大型游艇正在江上递流而上，突然身穿丧服的夏尔太太急匆匆地找到船长说："糟了，我带的一只骨灰盒不见了！"

船长听了夏尔太太的话，不以为然，他笑着对她说："太太，别着急！好好想想看，骨灰盒恐怕是没有人会偷的吧！"

"不，不！"夏尔太太额头冒汗，连连解释，"它里边不仅有我父亲的骨灰，而且还有3颗价值3万马克的钻石。"

二次大战前，夏尔太太的父亲科伦教授应加拿大多伦多大学的聘请，前去执教。后来战争爆发了，他出于对希特勒法西斯政权的不满就留在了加拿大。光阴荏苒，一晃就是几十年。开始他只身在外，后来他的大女儿夏尔太太去加拿大照料他的生活。这一年春天，科伦教授突然得了重病，卧床不起，弥留之际，他嘱咐女儿务必把他的骨灰带回德国，并把自己多年的积蓄换成钻石分赠给在德国的3个女儿。

夏尔太太无比懊丧地对船长说："正因为这样我才一直把骨灰盒带在身边。我认为骨灰盒总不会有人偷的，没想到我人还未回到故乡，2个妹妹还未见到父亲的骨灰，今天却……"

船长听罢原委立即对游艇上所有进过夏尔太太舱房的人进行调查，并记录了如下情况：

夏尔太太的女友弗路丝9点左右进舱同夏尔太太聊天，9点零5分因服

务员安娜来整理舱房，两人到甲板上闲聊。

夏尔太太本人9点10分回舱房取照相机，发现服务员安娜正在翻动她的床头柜。夏尔太太愤怒地斥责了她几句。两个人争吵了10分钟，直到9点20分。9点25分，女友弗路丝又进舱房邀请夏尔太太去甲板上观赏两岸风光，夏尔太太因心绪不佳，没有答应。

到了9点30分服务员离开后，夏尔太太发现骨灰盒已不翼而飞……

如果夏尔太太陈述的事实是可信的，那么盗贼肯定是安娜与弗路丝两个人中间的一个，但是无法肯定是谁。正在为难之际，有个船员向船长报告说："我隐约地看见在船尾的波浪中有一只紫红色的小木盒在上下颠簸。"

船长赶到船尾一看，果然如船员所说。于是他当机立断，下令返航寻找。此时是10点30分。到11点45分终于追上了那正在江面上顺流而漂的小木盒。并立即把它捞了上来。

经夏尔太太辨认，这个小木盒正是她父亲的骨灰盒，可是骨灰盒中的3颗钻石却没有了。

这时，船长又拿出笔记本，仔细地分析刚刚记录下来的情况，终于断定撬开骨灰盒窃取了钻石，然后将骨灰盒抛

下大江的人。

破案的结果，同船长得出的结论是一致的。

聪明的读者，你知道这些钻石是谁偷的吗？

 痕迹的秘密

S高原的别墅圣地比往年提前半个月下了第一场大雪。这是30厘米厚的积雪。

大雪是在星期六早晨6点钟停的，可中午刚过，在被大雪封门的圆木造的别墅里，却发现了广播电台的作家梅本大作的尸体。发现者是刚从东京赶来的梅本的夫人。他的胸部、腹部被菜刀砍了数刀，倒在血泊里。推断死亡时间是当天上午9点左右。

被害人几天前为写一个电视剧，一个人来到这里。别墅的后门戳着一套滑雪板。上午一直有积雪的新雪上面留着两条滑雪的痕迹，那滑雪板的痕迹一直通往离此处有40米远的一所红砖别墅。去那幢别墅一直是上坡路。

在其红砖别墅里有位电视演员小池美江子，她是一个人来此静养的。刑警很快访问了她。当问到与被害人的关系时，她并没有露出反感之情，作了如下回答："星期五中午梅本来到我的别墅。

不久下了大雪，于是就在我这里过了一夜。今天早晨起来一看，大雪已经停了，我们一起喝了速溶咖啡，8点钟左右，他回到自己的别墅去了。因为说是中午夫人要来，害怕和我的关系败露，他便慌慌张张地离开了。"

"你门外面的滑雪痕迹是他回去时留下的滑雪板痕迹吗？"

"是的。我家有两套滑雪板，一套就借给了梅本。他不太会滑雪，抬着屁股、似站非站地滑回去了。"

"你滑得好吗？"

"还可以，但昨天开始，我有些感冒，积雪以后就没出过门。证据就是我的别墅周围除了梅本回家的滑雪板的痕迹外再没别的痕迹。"小池美江子强调说雪上没有留下自己的脚印。

不错，正像她说的那样，在积雪30厘米厚的雪地上，只留有梅本从美江子的别墅沿着斜坡回到自己别墅的滑雪板的痕迹，没有其他任何滑雪和鞋子的痕迹。

梅本的滑雪板痕迹也不是一次滑下去的，中途好像多次停下来的样子，左右滑雪板的痕迹或是离开较宽或是压在一起，显得很乱。他果真滑雪技术很差。

梅本在自己别墅被杀的时间是在3

个小时之前。雪停之后，如果罪犯在作案后从现场逃跑的话，当然会在雪地上留下足迹的。可夫人发现丈夫的尸体时，不知为什么并没有那种足迹。

这样的话，仍然是小池美江子值得怀疑。于是，警察严厉地追问她。

"被害人的夫人说一定是你杀害了他，你要和被害人结婚，然而被害人又没有与妻子分手的勇气，你讨厌他这种犹豫不定的态度，一赌气杀了他吧？"

"那是夫人胡说。雪停之后我一步也没离开过自己的别墅，不可能去杀人呀。"美江子很冷静地反驳说，但她的犯罪终究还是被揭穿了。

其关键问题就是她别墅门外的那棵松树。那棵松树上的积雪有一半落在地面上，刑警发现后揭穿了她那巧妙的手段。

聪明的读者，那是什么手段呢？

 神秘咖啡杯

从几天前，推理作家江川乱山先生就在 M 饭店埋头写小说。

一天晚上，他写不下去了，便在饭店附近散步，调剂精神，恰巧碰到私人侦探团五郎。

"啊，团君，难得见面。这副打扮，是在跟踪谁呀？"乱山先生盯着团侦探问道。

平日衣冠楚楚的团侦探，今晚穿着破旧的毛衣，戴着一顶毛线织的滑雪帽，拖着拖鞋，打扮得像个穷画家。

"这是为侦查而装扮的。你在这地方干什么？"

"和平日一样，闷在这饭店里当罐头呀。好久不见了，喝一杯怎么样？"

"对不起，我正在戒酒。"

"咖啡怎么样？这个饭店的咖啡很不错。"

"可是，我这种装扮进饭店，怪丢人的。"

"不要紧，我可以在我的房间里招待你。实际上，我正想请你帮忙。"乱山劝说道。他俩从登记处看不见的侧门进入饭店，上了电梯。

乱山先生的房间，是九楼的 905 号房，有一间不大的会客室和卧室。

"在这么高级的房间里写作呀！"团侦探打量着房间。

会客室的桌上，乱七八糟地堆着稿纸和书本，两人进卧室后乱山先生向饭店里要了咖啡和三明治。

"我必须在下周交一篇短篇推理小说，但始终想不出奇特的案例，难下笔呀，有什么素材吗？"乱川说。

"私人侦探处理的案子，都是些普

通案子，对你写的推理小说没什么用。"

"随便谈谈。交稿期限马上到了，请帮帮忙。"

"既然说得这么急——"团侦探把最近处理的两三件案件告诉给乱山，但他不太感兴趣。

"没有更奇特的犯罪吗？"

"很难拼凑，如果有那种奇特的案例，我也不会做私人侦探，而去当作家了。"

这时，响起了敲门声。

"啊，团君，杂志的记者来访，对不起，请坐坐吧。"

"如果打扰您，我先回去。"

"别这样，再和我聊聊，采访马上就结束，这段时间，请帮我想个新奇的案例。"

乱山先生自私地说完，把团侦探留在了卧室。他带上门后把记者迎入会客室。

采访结束后，乱山先生回到卧室，团侦探正在看电视。

"让你久等了，很对不起。"乱山坐到自己的位置上，准备喝方才剩下的咖啡，一看桌上，忽然发现自己的咖啡杯不见了。

"哎，我的杯子呢？"

"不是刚才带到会客室去了吗？"

"不，不会，确实放在这儿。"尽管这样说，乱山还是到会客室找了一遍，没看见咖啡杯。

"一两个杯子算什么！"

"当然算不了什么，可事情太奇怪了。"

乱山到处寻找时，看到了团侦探诡秘地微笑着。

"啊，是你干的，把杯子藏起来了，想骗我吧？"

"哪里的话，我一步也没离开卧室，如果怀疑，你就尽力找吧。"

乱山认真地开始寻找，因为是饭店的房间，也没什么地方可找，他在床下、桌子抽屉、电冰箱、衣柜中都找遍了，都没发现咖啡杯。

"啊，我知道了，你从窗子里扔出去了。"乱山打开窗户看着下面。

房间在九楼，距地面约30米，因为是夜晚，完全看不见地面。

团侦探微笑着说："如果从窗子扔下去，杯子会摔得粉碎，我想搞点恶作剧，也不至于如此过分。"

这时，又有人敲门。

"谁？这种时候？"乱山先生一开门，只见饭店侍者站在门口，手中拿着白色的咖啡杯。

"我把杯子给您送来了。"

乱山目瞪口呆地问："放在什么地方？"

"这间房下面的院子里。"

"院子里？你怎么知道是我的杯子？"

侍者让他看杯子外写的字：把这个杯子送到 905 号房。谢谢！

聪明的读者，你知道是为什么吗？

 神秘照片

8 月 15 日早晨 3 点 30 分左右，在一座大楼里，一个保安人员遇害。看来是潜入大楼的强盗因被保安人员发现而杀人后逃跑。

刑警很快在当天晚上找出了嫌疑犯，是住在郊区的一个单身男人。

刑警立即赶到他的家。

"今天早晨 3 点 30 分钟你在哪儿？"刑警在询问他有没有不在现场的证明。

"那个时候，我早就起床了，正在我家院子里用一次性照相机给我栽的牵牛花拍照，是从花蕾到开放的一组隔 4 分钟拍一张的系列照。"那人指着院子一角栽种的一片牵牛花介绍说："这种牵牛花是在清晨 3 点 10 分左右开始开花，约 40 分钟后开完，我是一直在拍照的。"

将照片与花对照起来看，的确是今天早晨在院子里拍摄的。刑警们为慎重起见，又送到 A 大学的植物研究所，给他们看了照片，了解牵牛花的开花时间。

调查的结果是这个地区在 8 月中旬时，牵牛花开花早的是凌晨 2 点开始，一般是以 3 点开始绽开花瓣，4 点左右开花结束。

这样一来，那人当时不在作案现场的证明是成立的。从他家到作案现场，开飞车也少不了一个小时。

可是，留在现场的指纹证明，罪犯就是他。

聪明的读者，他没有同伙，到底使用什么手段伪造了这些照片呢？

 烧毁的汽车

秘密谍报人员 008 开着摩托车在上坡的急转弯处停下，他关掉灯，让摩托车的引擎还开着。手表的夜光针正好指着凌晨 1 点钟。再过 5 分钟，军司令部联络官去 K 基地送新的导弹配置命令的汽车将从这里通过。为了盗取这份秘密文件，008 在半月前潜入该国。

这条公路是通往位于山上的 K 基地的专用道路。所以夜间很少有车辆通过。

不久，在夜雾弥漫的前方黑暗处有

灯光出现，正向此靠近。就在车开到距离008的摩托车只有十五六米左右时，008打开车灯，突然迎上去，挡住对方的去路。对方措手不及，急忙转动方向盘急刹车，但没刹住，车撞破防护栏，翻下二十来米深的山谷中。原想汽车受到这一冲击会引燃汽油着火的，但车子翻了两三次，撞到岩石上停了下来。

008将摩托车藏在道旁的草丛中，然后拿起事先准备好的装汽油的容器下到山谷。联络官扑在方向盘上已经死亡了。一个黑色的革制皮包从打碎了的车窗中掉出来。008从联络官的身上找到钥匙，打开皮包，用高感度红外线照相机将导弹配置计划的机密文件拍了下来，然后按原样将文件放回包中扔到车里，再将容器中的汽油浇到车子上，用打火机点燃。火一下子烧了起来，瞬间车子被熊熊烈火包围了。

008拿着空汽油容器回到公路上，迅速骑上摩托车离去。

翌日，008在电视新闻中看到那辆车被完全烧毁，尸体和皮包也都被烬成了灰烬，便放心了。人们一定认为司机在驾车时打盹儿翻到山谷里，而引燃汽油烧毁的。

008将拍下的机密文件的胶卷送往本国情报部后，立即收到本部的紧急命令。命令的内容：敌方已对那起事故起疑心，开始秘密调查，立即归国。

如果敌方发现那起翻落事故是阴谋所致，必定要修改导弹配置计划，那么好容易弄到手的胶卷也就无任何价值了。

"我干得很谨慎，怎么会留下马脚呢？"008不由得自言自语道。

008只是对那份机密文件拍了照，拍完后又原样放回了皮包中，所以即便皮包中的文件没有被完全烧毁，也不会引起对方怀疑的。

008反省了那天深夜的行动，确信从头到尾都没有出现疏漏，就连阻挡汽车前行时的摩托车轮胎印也都处理得一干二净，而且行动时又无其他车辆通过现场，自然不会有目击者。那么到底是留下了什么证据而引起了对方的怀疑呢？他百思不得其解。

聪明的读者，他有什么失误，你知道吗？

邮票丢失案

4月20日是邮政纪念日。1871年的这一天，日本发行了第一枚邮票。本文讲述的就是围绕一枚稀世旧邮票而引发的事件。

日本邮票收藏家竹田秀夫，在纽约

的邮票拍卖市场上以15万美元的高价击败了美国集邮商，买下了一枚"邮局邮票"。

这枚邮票是在1847年印度洋上的一个英属殖民地毛里求斯岛发行的，而且是在距今一百四十几年前的一个巴掌大的小岛上发行的。当时岛上连一个像样的印刷所也没有，还是由一个钟表匠采用凹版印刷制作的，而且不知是因为疏忽还是其他什么缘故，竟把"POST·PAID"（邮资已付）的字样印成"BOST·OFFICE"（邮局）。经考证，这种邮票目前世界上仅存26枚，称得上是珍品中的珍品了。

拍卖结束后，秀夫避开舆论界的纠缠，悄悄离开拍卖市场，急于回到下榻的饭店，好慢慢欣赏一番这用15万美元巨款买到手的逸品。

可是，当他走到地下停车场，刚想拉开车门的时候，突然头部被人从背后用钝器击打了一下，当即就失去了知觉。

当他醒来后，见自己的手脚被紧紧地捆绑着，关在一间不知是什么地方的汽车库里，身边围着三个戴着墨镜、凶神恶煞似的人。秀夫马上观察了一下周围，断定他们是一伙专门抢劫世界上名贵邮票及货币的强盗。不久前，在伦敦、巴黎等地屡屡发生名收藏家遭劫、贵重珍品被抢的案件。

秀夫早有提防，已妥善藏好邮票，但他怎么也没有料到刚一出拍卖市场就遭劫。

"你想保命，就乖乖地把邮票交出来。我们要的是那张旧邮票。"强盗集团的头目用手枪逼着秀夫威胁说。

"我不知道你说的是哪张邮票。"秀夫矢口否认。

"你别装傻！我们从拍卖市场一直盯着你到这儿！"

"既然那样，你们搜好了。"

两个喽啰搜遍了秀夫的衣服口袋，但口袋里只有旅行支票、300美元现钞和手帕、汽车钥匙以及使用过的一张明信片。明信片上绘有富士山图案，是从日本寄来的。

"就是明信片上贴着的这张邮票吧？"

"不是，这是日本极普通的纪念邮票，别看尺寸挺大，连一美元也不值。"

"可是，没见有其他邮票呀。头儿！会不会是这个家伙把邮票藏在拍卖行的寄存柜里了？"

"不会的。他只去了一次厕所，马上就来停车场了。他是不会把花了15万美元高价买到的邮票轻易地放在什么地方的。来！把他的衣服扒光搜，就一张小小的纸片，可能会藏在衣服里或鞋里。"

歹徒们扒光了秀夫的衣服，用剃刀把西服和内衣一点点剥开，把鞋割成碎片，从头到脚仔细搜了个遍，当然头发里也没放过。但最终还是没找到那枚价值15万美元的邮票。

秀夫到底把邮票藏到哪儿了呢？当然邮票他是一直带着的。

谁是罪犯

一天中午刚过，私人侦探萨姆逊应推理小说作家霍尔曼的邀请，来到阿姆斯特丹郊外的一所住宅。令人吃惊的是，霍尔曼正在送停在门前的一辆要发动的警察巡逻车。

"先生，到底出了什么事儿？"

"喂，萨姆逊先生，你来晚了一步。刑警勘察了现场刚走。本想让你这位名侦探也一同来勘查一下的。"

"勘查什么现场？"

"进来了溜门贼。详细情况请进来谈吧。"

霍尔曼把萨姆逊侦探让进客厅后，马上介绍了事情的经过。

"昨天早晨，一个亲戚家发生了不幸，我和妻子便一道出门了。今天下午，我自己先回家看看，一进门发现屋里乱七八糟的。肯定家里没人时进来了溜门贼，是从那个窗户进来的。"霍尔曼指着面向院子的窗户。只见那扇窗户的玻璃被罪犯用玻璃刀割开一个圆圆的洞。罪犯是把手伸进来拨开插销进来的。

"那么，什么东西被盗了？"

"没什么贵重物品，是照相机及妻子的宝石之类。除珍珠项链外都是些仿造品。哈哈哈……"

"现场勘查中，刑警们发现了什么有力的证据没有？"

"没有，空手而归。罪犯连一个指纹也没留下，一定是个溜门老手干的。要说证据，只有珍珠项链上的珍珠有五六颗丢在院子里了。"

"是被盗的那个珍珠项链上的珍珠吗？"

"是的。那条项链的线本来是断的。可能是罪犯盗走时装进衣服口袋里，而口袋有洞漏出来的吧。"

霍尔曼领着萨姆逊来到正值夕阳照晒的院子里。院子的花坛里正开着红、白、黄各种颜色的郁金香。

"喂！先生，这花中间也落了一颗珍珠哩。"萨姆逊发现一株黄色花的花瓣中间有一颗白色珍珠。

"哪个、哪个……"霍尔曼也凑过来看那个花朵。

"看来这是勘查人员的遗漏啊。"

"你知道这花是什么时候开的吗？"

"大概是前天。黄色郁金香总是最先开花，我记得很清楚。"霍尔曼答着，并小心翼翼地从花瓣中间轻轻地把珍珠取出。

这天晚上，霍尔曼亲手做菜。两人正吃着鸡素烧时，刑警来了电话，并且把搜查情况通报给霍尔曼，说是已经抓到了两名嫌疑犯，目前正在审讯。

两个嫌疑犯中有一个叫汉斯的青年。昨天中午过后，附近的孩子们看见他从霍尔曼家的院子里出来。另一个是叫法尔克的男子。他昨天夜里10点钟左右偷偷地去窥视现场，被偶尔路过的巡逻警察发现。

"这两个人中肯定有一个是罪犯。但作案时间是白天还是夜里，还没有拿到可靠的证据。两个人都有目击时间以外不在做案现场的证明。所以，肯定是他们中的一个那时溜进去作案的。"刑警在电话里说。

萨姆逊从霍尔曼那儿听了这番话以后，便果断地说："如果如此。答案就简单喽！罪犯就是XXX了。先生，如果您怀疑我说的不对，请来看看花坛

中的郁金香吧。"感到吃惊的霍尔曼立即拿起手电筒半信半疑地来到院子里查看。

因院子里的长明灯灯泡坏了，所以，花坛那儿很黑。霍尔曼查看后，返回屋里笑眯眯地说："的确，你的推理是对的，真不愧是名侦探啊。我马上告诉那位刑警，听说他喜欢读我写的书，这样也好保全我这个推理作家的面子嘛。"

聪明的读者，你认为萨姆所认定的罪犯是哪一个？

侦探法布尔

因为有了三名业余学者，近代生物学产生了巨大的飞跃。这就是提出进化论的达尔文、遗传学家的门德尔、昆虫学家法布尔。

法布尔身为贫穷的中学教师，31岁时决心把一生献于昆虫研究。24年后，出版了《昆虫记》第一卷。又过了29年，出齐最后的第十卷。这时，他已84岁了。

他生活在法国南部的农村，过着隐居者般的生活，只潜心于昆虫的观察和研究。有人称赞他是"像哲学家一般思索，像艺术家一般观察，像诗人一般表现的伟大学者。"

但是，研究昆虫这种不为人们重视的工作，不会使他富裕，而且，他性格古怪，不会处世。因此生活非常贫困，晚年甚至不得不靠出卖菌类图谱度日。

法国政府好不容易才认识到他的功绩，赠与他年金，那时，他已92岁，两年后，他便与世长辞。

当法布尔在法国南部的舍尼安村，埋头于《昆虫记》的执笔时，村里发生了一件事。

在一个夏日的午后，他在村尽头的草原观察蝗螂的生态。正好卡谬巡警从这里经过，他是这个村里派出所的巡警。

"法布尔先生，这么热的天，还在埋头研究呀，今天研究什么？"他来到法布尔身边，对法布尔观察的蝗螂产生了兴趣。

"先生，这个昆虫滚的小团子是什么？"

"羊粪。"

"啊？……真脏。"

"蝗螂非常喜欢把家畜的粪便滚成团吃。它这个大肚汉与小小的身体很不相称。它是自然界的清洁工。怎么样，有趣吗？"

平时不喜欢和人交往的法布尔，却奇妙地与卡谬投缘。因为法布尔刚到村里的时候，卡谬巡警曾把在林中采集昆虫的法布尔，误认为偷猎者逮捕过。从那以后，他对法布尔怀有圣人般的敬畏和亲切感。

卡谬巡警对蝗螂马上就看腻了。他到附近树荫处坐下，摘下帽子擦去脸上的汗水。

法布尔还在炎热的阳光下，一动不动地观察。

卡谬巡警用烟斗抽着烟说："先生，认识葡萄园主贝尔那尔吗？"

"听说过，是个钱币收藏家。"

"那家伙也是个非常古怪的人，收集不能使用的外国古钱币。有什么乐趣呢？他还在书房里养了一只猫头鹰。这种不吉利的鸟有哪点可爱呢？谁知道，今天早上那只猫头鹰被杀了，肚子也被割开。"

卡谬巡警并没期待法布尔回答，继续讲着："昨晚，贝尔那尔的家里住进一位客人。是从马赛来的客人，叫留巴洛。他也是钱币收藏家，来给贝尔那尔看日本古钱币。两人在书房里互相观看引以自傲的收藏品时，留巴洛先生忽然发现带来的日本古钱币不见了三个。"

"被小偷偷去了吗？"

"不，书房里只有他们两个人。所以肯定是贝尔那尔偷去了，留巴洛先生也这样怀疑。在他的追问下，贝尔那尔当场脱去衣服，自愿接受搜身，不用说，没找到银币。书房也找遍了，仍然没找到。"

卡谬巡警仿佛自己亲临现场验证过似地。他是个年轻的爱说话的警官。

"贝尔那尔偷银币时，留巴洛没看见吗？"

"是呀，他说自己正用放大镜一个一个地观赏贝尔那尔的收藏品。完全没注意。不过，那段时间贝尔那尔一步也没离开书房，窗户也关着，不可能把偷的银币藏到书房外面。"

聪明的读者，当时贝尔那尔在干什么呢？

 死神从哪来

富翁被杀死在他正在动工修的别墅里。

X侦探和警长正站在死亡现场。这是别墅的二楼，富翁的房间里，楼下是他侄儿的房间。

警长挠挠不多的几根头发："侦探，你怎么看这个案件？太不可思议了！"

X侦探一言不发，仔细地看着现场。

富翁的尸体就仰躺在床上，背部有个创口，警察在里边找到一颗来复枪的子弹。伤口周围的皮肤有裂痕和灼伤，看来应该是近距离的枪伤造成的。床上有一个枪洞，一直通向楼下。

X侦探来到一楼富翁侄儿的房间，天花板上也有一个洞，洞口同样有烧灼的痕迹，估计凶手是贴着天花板开的枪。洞口也正对着死者侄儿的床。但是凶手如何可以确定死者在床上的位置呢？而且死者的侄儿说他昨天晚上（估计的案发时间）喝醉了在朋友家睡的，一夜未归，有朋友可以佐证。

警长叫来了别墅的管家，他证明死者的侄儿确实出去，也没看见他回来过。死者的家仆证明说别墅的所有钥匙只有管家和富翁本人有，别人没有钥匙是进不了门的。

X侦探沉思着又回到案发现场，死者的尸体已经被送去化验。这时他突然发现死者被杀的地方竟然留下一个跟尸体轮廓相同的印记！印记里的床单明显变黑了！

他猛然回头看看外边，窗外就是工地——富翁正在装修的院子。X侦探的眼睛从许多的大型机器上——扫过，嘴角也露出了笑容。证据和凶手都找到了！

聪明的读者，您来破破这个案件吧。

凶杀案

女招待小百合在公寓被杀，其头后部有被钝器击中的痕迹，她俯卧在屋子中央，手里还拿着一条珍珠项链。小百合是个财迷心窍的人，听说她常借钱给同事，然后收取高额利息，干着放高利贷的营生。对不能按时还钱的人，竟索取饰品、礼服等作为抵押。所以人人都痛恨她，就连她死时手里攥着的项链，也是从向她借贷的同事绿子那儿索要来的。

奇怪的是，窗户都上着锁，门也从里面挂着门链，就是说小百合是在密室中被杀的。这样一来，项链的主人绿子也就成了杀人嫌疑犯。可是，绿子是怎样杀死小百合的始终是个谜。

聪明的读者，你知道是为什么吗？真相又是如何呢？

神秘青铜像

埃夫文的妻子被人杀死了。埃夫文对检查官说："昨晚我很晚回家，刚巧撞上一个人从我妻子房里跑出来，跌跌撞撞地蹿下楼梯。借着门口那盏昏暗的长明灯，我认出他是吉姆·西斯蒙。"

被告西斯蒙愤怒地嚷道："他在撒谎！"

埃夫文继续说道："西斯蒙大约跑出一百米远，扔掉了一件什么东西，那东西在乱石坡上碰撞了几下后滚落进深沟，在黑暗中撞出一串火花。"

"这是胡编！诬告！"西斯蒙气得满脸通红。

检察官举起一座森林女神妮芙的青铜像："对不起，西斯蒙先生，我们在深沟里找到了这件东西，要是再晚一个小时，那场大雨也许就把这些线索冲掉了。铜像底部沾的血迹和头发是埃夫文太太的。我们在铜像上取到一枚清晰的指纹——这是您的指纹。"

西斯蒙反驳道："我当时根本就没去他家。昨晚7点埃夫文打电话给我，说他8点钟想到我家来谈点事。我一直等到半夜，也不见他来，就睡觉了。至于指纹，那可能是我前几天在他家拿铜像玩时留下的。"

检察官感到案情很复杂，找到大侦探麦克哈马，把案情说了一遍，最后说："埃夫文和西斯蒙是同事，以前两人的关系很好，最近不知为什么关系开始恶化。"

麦克哈马听完检察官的介绍后，说："凶手不是西斯蒙，是有人诬陷他。真正的凶手是……"

聪明的读者，你知道真正的凶手是

谁吗？

谁在说谎

这是一个没有月亮的夜晚，窗外黑得伸手不见五指。在博物馆的一间办公室里，财务管理员老李颤抖地拉着警官老王说："你不知道我有多害怕。今天下班后，我留在这里加班清理账目，突然看见右边地面有个影子。窗子是开着的……"

"你没听见什么响声吗？"老王问道。

"绝对没有。当时，收音机里正在播放音乐，我非常专注地工作着。随着人影晃动，我看见有个人从屋里跳出了窗外。我赶紧打开了室内所有的灯，在这之前，我只开着一盏灯。喏，就是办公桌右角上的那盏灯。我发现少了两只装着珍贵古钱币展品的保险箱。这两只箱子是今天下午展览会结束后送到这里来清点的。要知道这些古钱币可是稀有珍品。这可怎么好呢？"

"你是几点钟到这里来的？"老王问道。

"大约快九点钟了。"老李回答说。

"你以为我会轻信你的谎言吗？"老王愤怒地反问，"不要再演这种骗人的伎俩了！"

聪明的读者，警官老王从什么地方发现老李是在蒙骗他的呢？

河边谋杀案

在大峡谷河上游发现了古代遗迹。于是，文物工作者波特、亚瑟和斯特劳三人组队前往考察。一天夜里，波特一人外出调查后便没再回旅馆，大家都很为他担心。第二天上午，波特的尸体在河边的悬崖下被人发现了，看上去像是死于坠崖，纯属意外事故。

经法医鉴定，波特死于昨晚十点左右。勘察现场时，发现死者右手边的沙地上写着一个"Y"。

"这是临终留讯。是死者被杀前将凶手姓名留下作为线索吧？"朗波侦探问道。

"那个叫亚瑟的很可疑。因为他名字的开头是'Y'。"警官说道。

亚瑟辩解说："别——别开玩笑了，我一直待在旅馆里，怎么会杀波特呢？"

"被害者是颈骨折断后立即死亡的。昨晚10点你在哪儿？"

"我一个人在房间，没有办法提出证明。不过，如果我有嫌疑，斯特劳也有嫌疑。"

斯特劳生气地说："你在胡说什么？"

"不对吗？昨天波特偶然发现了许多陶偶，你要求和他共同研究，结果遭到拒绝。"

"我承认，但你也说过这话。还有那个叫拉维尔的老头也很可疑。"

警官追问："哪个拉维尔？"

"就是那个对乡土史很有研究的拉维尔。他一个人默默地调查遗迹，我们加入后他很生气，对我们提出的问题，他一概不回答。"

警官双手环抱胸前，不知在想什么。突然，朗波有了新发现："被害者把手表戴在右手腕上，那么波特应该是个左撇子了？"

"对！"

"嗯，还有一个问题，斯特劳先生，你和波特认识多久了？"

"昨天才见面的。"

"很好，凶手是谁已经很清楚了。"

聪明的读者，到底凶手是谁？是如何判断的？

告密者

一天，一个小偷来到 W 公寓，按了一下 5 楼某个房间的门铃，没有一点声响。他俯下身，刚想用万能钥匙打开房门时，房里传出了一个女人的声音："请稍候。"紧接着，她提高嗓门问了一声："谁？"

一会儿门打开了一条缝隙，露出了一个漂亮的脸蛋。

小偷一见，忙用力推开房门，一闪身挤进房间，用背顶着门。女郎一见是个陌生的男人，于是她惊恐地叫道："你想干什么？出去，不然我要叫警察了！"女郎话还没说完，小偷像饿虎扑食一般，冲上来紧紧扼住女郎的脖子。女郎拼命挣扎，一脚踢倒了身旁的小桌，上面的电话掉在了床上。不一会儿，女郎的反抗越来越弱，最后无声无息地倒在了床上。

小偷见女郎昏死过去，忙拿过她的手提包翻了起来，从里面找到 50 万日元。随后他掏出包里的钥匙，准备打开衣柜的抽屉。

突然，房门被打开了，冲进来两个警察。他们看了看倒在床上的女郎，说："是你杀的她吧？你被逮捕了！"

小偷望着明晃晃的手铐，呆住了。他想：我作案到现在从来没有这样栽过跟头，杀死这个女人不过 5 分钟，窗户关着，帘子挂着，墙是厚实的，女人的喊叫声外面肯定听不见，是谁告的密呢？

聪明的读者，请问这是为什么呢？

血书

一天，武藏被城主细川叫去问话。

"听说你昨天去见过赤尾军兵卫？"细川公厉声问道。

"是的，赤尾邀我去，我只待了半个时辰。"

"今天早晨，发现赤尾死在自家的客厅里，腹部被刺，是坐着死去的。"

"那么，您怀疑我是凶手才叫我来的吧？"武藏不由得脸色苍白。

"军兵卫在你来之前，是我领地内最好的剑客。如果在暗中从背后刺他就不好说了，但能从正面刺中他的非你莫属啊！"

武藏闭目思索着昨天见赤尾时的情景。军兵卫和武藏一样都是单身汉。而且，昨天正赶上仆人外出买东西，只喝了一点儿冷酒，他还抱歉地说："连粗茶也无法招待。"因此，没有证人来证明武藏昨天离开时军兵卫仍然健在的事实。

细川公进一步追问："我把你招来，军兵卫本来心里就不痛快，他觉得剑术教练的地位受到威胁。到底军兵卫是出于什么用意把你叫到他的住处呢？"

"他说，他从一个刀剑鉴赏家手里搞到了一把宝刀，一定要让我看看……

说是佐佐木小次郎的那把宝刀。"

"什么，那把小次郎的……"细川公大吃一惊。

在严流岛决斗时，佐佐木小次郎当时还在小仓藩主的细川家里当差，在细川公眼里自然成刺杀家臣的仇敌。

"可是，根据验尸报告，现场并没有那把宝刀。"

"那就是被凶手带走了吧。"武藏坦然地回答后，又接着说："可是，如果不是我的眼睛不好，那么那把刀肯定是把假刀，我打败佐佐木小次郎的时候，刀尖五寸处有卷刃，可是，昨天军兵卫给我看的那把刀。却没见到那处卷刃。"

"那么，你把这个告诉军兵卫了吗？他会大失所望吧。"

"不，对正在陶醉于不惜重金买到稀世珍宝的他，当面泼冷水我觉得太残酷了，所以我什么也没有说，但是，赤尾是个洞察力很强的人，也可能察觉到我没说话的意思。"

"嗯……如果凶手不是你，能刺杀军兵卫那样的名剑手的人又会是谁呢？"细川公从武藏身上移开怀疑的视线，嘟囔着。

武藏深施一礼，退到外间屋子里，用腰里的短刀划破小指尖，用流出的血写在白纸上，然后，再次来到细川公面前。"凶手的名字我写在这上面。恐怕除此人外没有人能刺得了赤尾军兵卫，请立即调查。"他遂献上血书。

聪明的读者，军兵卫是怎么被刺的？武藏告发的内容又是什么呢？

 凶手是谁

缉毒有缉毒专家，不插手警方的势力范围是我们的行业规则。但唯有此次是个例外。因为委托人是我们侦探社的重要人物，连我们的头儿也不敢怠慢。说是为了给因吸毒致残的女儿报仇，让我们将同他女儿有关的贩毒团伙消灭掉。

毒品贩子的名字很快就搞清楚了。但就在我们要下手教训他之前，此人已经命丧黄泉了。是口中饮弹身亡的。身旁丢着一支手枪，是极近距离开的枪。警方断定是自杀，但既无自杀动机也无遗书。因为找不到被人用枪抵入嘴里在毫无反抗的情况下被枪杀的证据，所以断定为发作性自杀。但我却不能接受这一结论。虽然当初对此案不大上心。但因猎物死了而中止调查，心里又不甘作罢。

被害人大概是被其同伙杀掉的，因为他一旦被抓就会供出他们。此人虽然贩毒，但自己却对毒品一点不沾，甚至连烟酒也滴口不沾。不知为何唯独喜好口香糖和巧克力。

他有个情妇，我首先询问了她。

"虽然不是什么了不起的男人，可我从未想过希望他去死。至于毒品从哪儿弄的，我一概不知，我今天还是头一回听说他同那种东西有染。"她吐着烟圈跟我说。与死者相反，她格外讨厌甜食，也许是为了服丧，她身穿着黑色晚礼服。

接着我又调查被害人与赌博业是否有瓜葛，找到了一个在小酒馆当跑堂儿的年轻人。

"真是够不幸的呀。不错，我以前就知道他倒腾毒品，可货是从哪儿进的我没问过，先前我劝过他洗手不干算了，干毒品的都没什么好下场，果不其然，连小命都折腾进去了。"让我灌了几口酒的年轻人，说着说着嘴上就没把门的了，丝毫看不出对朋友的死有何遗憾，只是一个劲儿的用被烟油熏黄了的手指敲打着桌子，招呼服务员上酒。

最后，我又去访问死者常去的牙科诊所。由于此人嗜糖如命，所以满口虫牙，似乎常来诊所看牙。到了诊所，让我在外排队。在外听不到诊所里面有钻头声，说明诊所的隔音设备很好。不过候诊时让患者听到钻头声无疑会使患者感到恐惧。

　　"虽说他不务正业，可人长得还是很帅的。"将我前边的患者打发走后，年轻的牙科医生无所谓麻烦似的回答了我的提问。"无论怎么给他治，虫牙马上又出来了。他的尸体在自家被发现时，我也被叫去确认身份，可他的脸的下半壁被打飞了，所以我所能确认的部分已所剩无几。"

　　聪明的读者，受团伙之命将被害人除去者是谁呢？

证据是什么

　　今天，斯德哥尔摩市的天空一直为阴云所笼罩，马尔逊·巴克警探的心情也格外沉重。此刻，他正忧心忡忡地朝嫌疑犯的事务所走去。这是件很棘手的案子，一富家幼子被绑架，虽然付了大笔赎金，可人质却没有生还。显然罪犯一开始就没打算归还人质，恐怕早已将碍手碍脚的幼儿杀掉了。从这一点来看，罪犯肯定是熟悉被害人家内情者无疑。经侦查，常出入被害人家的会计事务所会计师坎纳里森被列为嫌疑对象。其会计事务所就在左前方。这家事务所此前一直生意萧条，门庭冷落，最近却忽然火爆起来，这也不能不令人感到蹊跷。

　　巴克与其同僚走进了赫雷斯·坎纳里森会计事务所，见坎纳里森正一张张地用舌头舔着印花在往文件上贴。

　　"百忙之中，多有打扰，实在……"

　　"哦，又是为那桩绑架案吧？"坎纳里森一副不太情愿的样子，将两人让至待客用的椅子上坐下。"我的合伙人赫雷斯刚好出去了，所以我就不请两位用茶了，很抱歉。我因为身体不好，医生禁止我喝茶，只能喝水，无论走到哪儿也总是药不离身啊。"

　　他一时喋喋不休，似乎在有意隐瞒什么，但巴克仍做出若无其事的样子说道："不，不必客气。"

　　"要是有个女事务员就好了，可直到前一阵子，经营情况都很糟，一直未顾得上……"

　　"您是说已经摆脱困境，那么是怎么筹到钱的呢？"

　　"嗯？不，钱是到处……"

　　"请您说得具体些。"

　　"一定要说得那么具体吗？"

　　巴克端正了一下坐姿，"坎纳里先生，您的血型是 A 型吧？"

　　"正如您说的，也许因为我同赫雷斯都是 A 型血，很多人都觉得不可思议，这是不是缘……"

　　"我们从被送到被害人家的恐吓信

的邮票背面验出了您的指纹，且上面留有A型血的唾液，您有舔邮票贴东西的习惯吧？"

"咦。您连这……"

"还是让我来问您吧。您的钱是怎么筹措到的？"

"实际上……说起来你们恐怕不会相信，是我捡的。那是绑架案发生数日后的一天，刚好是那边椅子的一旁，有一个什么遗忘的包，里面装的是现金。"

"您告诉赫雷斯了吗？"

"没有。我想大概会有人来问的，便保存起来。但始终没见有人来问，于是……我对赫雷斯说钱是我张罗的，因为前一段时间他干的颇有成绩，所以我也不想落后……"

坎纳里森战战兢兢，以为自己会被逮捕，但巴克他们因无证据，所以便起身告退了。这是个失误。坎纳里森当日晚便服毒自杀了。抽屉里发现了盛毒药的小瓶，但没有发现遗书。

巴克后悔不迭，为了消愁解闷，他同担任坎纳里森尸体解剖的法医随意攀谈起来。谈着谈着，法医忽然想起来了："对，对，死者是非分泌型体质。"

"糟了！坎纳里森不是绑架罪犯，他是被罪犯所杀，而又被伪装成自杀的。"巴克猛然醒悟道。

"到底是怎么回事，巴克？"同僚问道。

"坎纳里森的会计事务所的经营状况一旦好转，肯定还有一个受益者，就是合伙人赫雷斯。而且，若将绑架罪犯的罪名转嫁给坎纳里森再伪装其自杀，那么事务所就会悄然落到赫雷斯一个人的手里。"

"可是，断定坎纳里森不是绑架罪犯的证据又是什么？而且，一个被医生禁止连茶都不能喝的人，又怎么可能让其喝毒药呢？"昨日与巴克同去的同僚提出疑问。

"证据是有的，而且是不能唾弃的证据。"巴克不慌不忙地说道。

聪明的读者，是什么证据呢？

毒杀案

青年侦探萨拉里前往纽约市警察局造访，接待他的是警察局的刑事部长。

"部长先生，看您的神态是不是又有了什么棘手的案子？"

"是的，现在手头有一宗咖啡毒杀案，遇到些麻烦，案子毫无进展。其中最为关键的是凶手究竟是怎么让死者服的毒这一点，始终难以确认。"

"你是否能说得更具体一点儿？"

这是一宗光天化日下发生在某公司

内且又是在众目睽睽之下巧妙行凶的谋杀案——

职员贝克拿着杯子起身去倒了一杯白开水，当回到座位上时，"哟，怎么喝起白开水来了，还是让我给你倒杯咖啡吧。"一女同事殷勤地说。

"哦，不用了，我是想吃片感冒药。不过吃药归吃药，还是麻烦你再来杯咖啡吧。"贝克边说边从上衣口袋里掏出药包。

"要是泡咖啡的话，给我也来一杯。"坐在贝克邻桌的布朗也抬起头。布朗喜欢喝咖啡在公司内是出了名的。让布朗这么一嚷嚷，屋里所有的人都说要咖啡。女同事只好为每个人都准备一杯，另一位女职员也过去帮忙。这种情形在公司内是司空见惯的。

布朗从女同事伸过来的托盘中取了两杯，其中一杯递给了邻桌的贝克，然后从放在两人桌子中间的砂糖壶中盛了两勺糖放在自己的杯中，再将砂糖壶移到贝克那边。布朗端起杯子只喝了一口就突然咳嗽起来，咖啡溅到桌前的稿纸上。贝克见状马上将自己喝药剩下的多半杯水递给布朗，布朗接过去一口喝尽，但痛苦越发加剧，杯子也从手中脱落，掉在地上摔碎了。

"喂，怎么啦！"贝克快速奔过来抱起就要倒下的布朗，但布朗已经断气了。

"贝克这个人反应很机敏，他当即让把所有人的杯子包括布朗的在内都保管起来，所以当我们赶到时现场也保护得很好。"刑事部长向萨拉里说明道，"经鉴定，只有布朗的杯子有毒，其他人的杯子及砂糖壶上都没有化验出有毒。当然两名女职员一度被怀疑，但倒咖啡和送咖啡的都是两人一块做的，而且一个个杯子又难以分辨，所以除非两个人是同谋，否则很难将有毒的一杯正好送给布朗。两个女职员既无杀害布朗的动机，也无同谋之嫌。"

"邻座的贝克也无杀人动机吗？"萨拉里问道。

"有。听说此人与布朗玩纸牌欠了他很多钱。两个人虽然是邻座，桌与桌之间乱七八糟地堆放了许多东西，但贝克要想不被发现往布朗的杯子里放毒是不可能的。"

"说是布朗死前将咖啡溅到了稿纸上，那稿纸保管起来了吗？"

"我想是的。"

"那么就去化验一下稿纸，另外布朗杯子里剩下的掺毒的咖啡，我想也取证收起来了吧？"按照萨拉里的意思，一小时从鉴定科出来的刑事部长高兴地说："真是意外，果然不出你所料。"

聪明的读者，贝克是怎样毒死布朗的呢？

 巧妙的手段

一个冬天的夜晚，几个年轻人正在屋中玩牌赌博。

"着火了！"突然，外面传来了撕心裂肺的喊叫声。几个人不约而同地往窗外望去，火好像是从后院着起来的，烧到这儿还有一段时间。他们放下手中的牌一同向外奔去。消防车还没到，现场只有刚才喊着火的那个保安员，手里提着一瓶灭火器，正惊慌失措地不知如何是好。赶到现场的几个年轻人不容分说，勇敢地扑向大火。但扑打了一阵后，火势似乎根本控制不住。

"快取消防水来，附近就有！"

"没想到会有用，也许水都冻上了！"

"管它呢，去看看再说。"几个人一道跑向装有防火水的水槽，打开水槽盖子一看，水果真冻上了。这已在预料之中，但没料到的是冰下竟躺着一个人——一个年轻少女一丝不挂地沉睡在下面。其中的一个人果断地破开冰将尸体抱出来，她似乎是被掐死后投到水中的，已生息全无。此时三个人的耳中传来了消

防车的笛声，其声由远而近，仿佛是从另一个世界传来的。

北海道地区检察院的揪过检察官和当地警署的杯田警部被人称为黄金搭档，此次又联手办案。

"揪过先生，从作案的机会看，凶手是住在这栋公寓的人，而且肯定是甲田和乙川中的一个。"

"可两人在推定的作案时间内都在玩牌。"

"是的，但两人在玩牌中间都各自出去过一次，甲田是着火前1小时，乙川是着火前15分钟。据他们自己说，虽然外面天气很冷，但因玩得很热，所以到外面去换了换空气，但很快就回来了。这一点其他在场的人可以作证。尽管如此，我觉得将少女杀死再脱去其衣服扔到水槽中，有这么点儿时间是绰绰有余的。"

"两人都有作案动机吗？"

"是的，两人都是被害人在打工的酒吧的常客，甲田是死者现在的情人，乙川是死者原来的情人，而乙川目前正在同其上司的女儿谈恋爱，说不定被死者握有什么把柄受到敲诈也未可知。"

"嗯……凶手应该是乙川。假如凶手在行凶杀人时，在放火的定时装置上做了什么手脚的话，那么着火前1个小

时出去过的甲田就不是凶手。是否发现了有用过可在一个小时后着火的定时装置的痕迹呢？"

"检察官先生，你认为是凶手放的火吗？"

"一着起火来，人肯定是手忙脚乱，不知如何是好，可想起用防火水的以及破冰将尸体抱出的恐怕都是乙川吧。这分明是想让人尽快发现尸体……你身上带着纸火柴吗？"

杯田东掏西摸地从上身口袋中翻出一盒纸火柴递给揪过。揪过点上一支烟，然后将过滤嘴去掉，再将烟的无火一端置入火柴杆与火柴盒之间，眼看着一点儿一点儿变成了灰，大约 15 分钟后，"啪"的一声火柴盒着了起来，尽管是放在了烟灰缸的中央，可腾起的火苗蹿了好高。"这样你就该清楚了吧，火灾现场肯定会留下这种火柴的灰烬的。"

"可是有一点我没弄明白，假如乙川是凶手的话，当他将尸体扔入水槽时尚未结冰，而此后 15 分钟尸体怎么就被封入冰下了呢？"

"扔入尸体后不可能很快就结冰，哪有这么偶然。如果法庭上被律师抓到这一点可是站不住脚的呀！"

"放心吧，作案手段嘛，在开庭前肯定会拿给你的。"揪过检察官充满自信。

聪明的读者，是什么手段呢？

尸体之谜

贝加尔湖是世界上最深的湖泊，就透明度而言，也是世界上首屈一指的。从水面上甚至能看到水中 40 米深处。

就在一个夏天的早晨，贝加尔湖水面上发现了一具漂着的男尸，一条小船翻扣在水面上和尸体漂浮在一起。看上去是划船游览时被风吹起的波浪打翻了船而造成船翻人亡的。推定死亡时间是昨天晚上 8 点钟左右。死者是位于湖泊西南岸的某机械厂的制图员，他原本住在 5 层楼房的单身宿舍，因患有高处恐惧症，他的房间在一楼。

"他不会游泳吧！"警察去他的工厂向同事们了解情况。

"经常见他去体育馆的游泳池游泳，是和普通人一样会游泳的。所以，当船翻后掉进水里时大概是发生了心脏停搏死去的吧。因为贝加尔湖的湖水即使是夏季，水温也是很低的。"同事们这样回答说。

可是，警察突然注意到什么，马上明确地断定说："即使是溺水死亡，也不是划船事故，是罪犯伪造翻船事故的杀人案。"

聪明的读者，这是为什么呢？

照片的问题

某案件的嫌疑犯刚从欧洲旅游回国，就被早已等在机场的刑警逮捕。当问他上周有无不在现场的证明时，他拿出一张照片递给刑警，并做了回答："如果是星期五，我在水都威尼斯。那是我在从德国去罗马的途中，在威尼斯逗留了一夜，住在桑·马尔格寺院附近的一家小旅馆里。这就是住在旅馆附近拍的照片。你瞧，汽车停在街道上，后面的运河里还照上了游览船。"

可是刑警只看了一眼照片就一针见血地揭穿了他的谎言："你胡说，这是你在其他什么有运河的地方的街上拍的。我虽然没有去过威尼斯，但你也别想用这种照片来骗我。"

聪明的读者，这张照片的问题在哪呢？

消失的货车

这是很难令人相信的那种异想天开的案件。一节载有准备去展览馆展出的世界名画的车厢，从行驶中的一列货车间悄然消失了。而且，那节车厢是挂在列车中部的。

这列货车于晚8点从阿普顿发车时，名画还在车上，毫无异常。可到了下一站纽贝里车站时，只有装有名画的那节车厢不见了。途中，列车一次也没停过，阿普顿纽贝里之间虽然有一条支线，可那是夏季旅游季节专用的，一般不用。第二天，那节消失的车厢恰恰就在那条支线上被发现了，但名画已被洗劫一空。不可思议的是，那节挂在列车正中间的车厢怎么会从正在行驶的列车上脱钩，跑到那条支线上去的呢？对这一奇怪的案件，警察毫无线索，束手无策。

在这种情况下，著名侦探黑斯尔出马了。他沿着铁路线在两站之间徒步搜查，尤其仔细查看了支线的转辙器。转辙器已生锈，但黑斯尔却发现轮带上有上过油的痕迹。"果然在意料之中。这附近有人动过它。"他将转辙器上的指纹拍下来，请伦敦警察厅的朋友帮助鉴定后得知，这是有抢劫列车前科的阿莱的指纹。于是，黑斯尔查明了阿莱的躲藏处，只身前往。

"阿莱，还不赶快把从列车上盗来的画拿出来。"

"岂有此理，你有什么证据说我是罪犯？"

"转辙器上有你的指纹。当然，罪

犯不光是你一个人，至少还应该有两个同犯，否则是不会那么痛快就把货车卸下来的。"黑斯尔揭穿了阿莱一伙的作案伎俩。

聪明的读者，他们究竟是用什么手段将一节车厢从行驶的列车上摘下来的呢？

 风味料理之谜

下关（日本）是河豚风味料理的发祥地。

冬季的某日，三位客人在市内一家河豚菜馆品尝河豚风味料理时，突然其中一人四肢抽动，语言不清。惊恐的同伴赶紧通知店主，拨打了报警电话。中毒的人在被送往医院途中，因呼吸麻痹而死。

看样子是河豚中毒，警察询问了厨师长："你有河豚料理厨师的执照吗？"

"当然有的。如果是我在加工处理上出了什么错，那才是毫无道理呢！一定是这三个人中的哪一个偷偷地带来了河豚毒素的结晶物，投放到被害人吃河豚鱼片用的酱油或者投放到河豚火锅用的酱油调料里面。在河豚菜馆吃河豚，如果因吃河豚中毒死亡，当然菜馆的厨师长要受到怀疑，菜馆也会被停业整顿的。我知道这是恨这个店老板的家伙

才能干得出的勾当。"厨师长气愤地回答说。

"你能肯定绝对没出错吗？"

"是能肯定的。如果你们认为我说谎，请你看看这个。"厨师长从操作间装生垃圾的塑料筒里拾来二三个刚扔的鱼头，摆在刑警的面前说："这就是无辜的证据。"

聪明的读者，理由何在呢？

尸体上的蚂蚁

一日，夫妻俩争吵，丈夫顺手操起桌上的汽水瓶照着妻子的头砸去，当他挥起瓶子时，喝剩的半瓶汽水浇到妻子的肩头，把罩衫弄湿了一大片。然而，当他想要再举手打时，发现蜷缩在地上的妻子已不动了，她的太阳穴被打破，鲜血流了一地。妻子这样轻易地死去，使他一时不知所措。但他马上又冷静下来，考虑善后处理。他将尸体装进汽车的后车厢，扔到了郊外的一个公园里。幸亏，深夜里公园没人，他将尸体放在花坛边，准备离开时，猛然想起忘了把凶器汽水瓶也带来了。为了慎重起见，他从附近的垃圾箱里拖出一个汽水瓶子，并且是个刚扔不久的新瓶子。

"就把它当凶器吧！如果留着谁的指纹就该他倒霉，肯定会被当做凶手

的。虽然是不同厂家的产品，瓶里的汽水总会是一样的东西吧。"他为了不留下自己的指纹，拾起空瓶子后，往瓶子上又沾了些死者的鲜血扔到尸体脚旁。

当第二天尸体被发现时，罩衫肩膀已聚集了一大群黑蚂蚁。

"为什么蚂蚁只聚在尸体的肩膀呢？"现场勘查的刑警觉得很怪。

"一定是用这个汽水瓶打人时，瓶里的汽水洒到了肩膀。汽水都是白糖做的甜水。"鉴定员说着从尸体旁边拾起空瓶。"哎呀！奇怪了，瓶子这儿一只蚂蚁也没有啊！"说着便歪着头看汽水瓶上的商标，"凶器不是这只瓶子，可见，尸体一定是从别处转移到这里的。"他果断地下了结论。

聪明的读者，为什么鉴定员只看了一眼商标就识破了凶手伪装的现场呢？

奇怪的自杀

有人用力敲打管理员大久保的房门。大久保打开门一看，门外站着个陌生人。

"我叫柏木，是住 203 室的石川洋子的上司。这几天她没来公司上班，所以我来看看，觉得她房里有些不对劲儿，能不能请你一道去看看？"

有些吃惊的大久保同柏木一起来到洋子住的房间，敲了敲门，里面没有回音。

"该不会是……"柏木惊叫一声，用力撞开门冲进房里。

房间里充满煤气味。煤气炉的阀门开着，门窗都用胶布封了起来，躺在床上的洋子已经死了，但看上去像是在睡觉。床头上丢着一个安眠药瓶。任何人看了都会觉得是自杀。但管理员大久保却对柏木的举动感到有些纳闷。

聪明的读者，这是为什么呢？

车厢的乘客

19 点从东京站发出的特别卧铺列车"朝风 2 号"，于第二天早上 10 点 27 分正点到达终点下关车站。可是，A 车厢的一名乘客却失踪了。列车从东京站发出后不久，列车员检票时，那个乘客已换上了车上准备的睡衣，正在叠换下的西服。而第二天早晨，当列车通过广岛，列车员来整理床铺时，那个乘客已经不在车厢里了。因为皮箱还在，所以列车员以为是去厕所或者是洗漱间了。然而，到了终点站下关，仍不见那个人的身影，所以列车员便报告了铁道公安官。

"因车门不是手动的，所以不会是深更半夜去厕所，因睡迷糊了而从车门掉了下去。肯定是在冈山或福山、三原车站停车时，到站台去而被车丢下了。"列车员对公安官说。

"可没接到任何车站的联络。如果是被绑架，强行在中途站被带下车，那么穿着睡衣下去不是太显眼了吗？"公安官对这一失踪案件也直摇头。

遗留物只有皮箱和一本周刊杂志及在东京站买的一盒点心。打开皮箱一看，里面装有一身西服和一件衬衣，一条领带及一套洗漱用具。西服上衣的兜里装有10万元现金和笔记本、名片夹、东京市内的月票，手帕、卫生纸等。根据名片夹里的名片和月票得知，失踪者是M银行W分行的代理分行行长小林清二（42岁）。

"遗留物就是这些吗？"

"是的，就是这些。"

"看来此人既不是被绑架也不是被车丢下了，而是本人故意失踪的。如果是银行的人，那一定贪污巨款躲藏起来了。"公安官断定说。

聪明的读者，究竟有什么证据下这样的判断呢？

音乐家之死

瑞典首都斯德哥尔摩是炸药发明家诺贝尔的出生地。一天，在斯德哥尔摩市内发生了一起奇怪的爆炸事件。一个单身的音乐家刚从外面回到家里，在二楼房间里练习小号时，突然室内发生爆炸，音乐家当即死亡。

警察勘查现场时发现窗户玻璃碎片里还掺杂着一些薄薄的玻璃碎片，可能是乐谱架旁边的桌上装着火药的一个玻璃杯发生了爆炸。奇怪的是室内并没有火源，也找不到定时引爆装置的碎片。如果不是定时炸弹，为什么定时引爆得那么准确呢？真不可思议，根据邻居的证言，爆炸前死者是在用小号练习吹高音曲调。

于是，警察马上就识破了罪犯的手段，真不愧是炸药大王诺贝尔故乡的警察呀！

聪明的读者，请问你知道是如何引爆的吗？

列车杀人事件

案件发生在蒸汽机车全盛时代的1945年。××线的R车站不停特别快车。某天晚上，特别快车在通过R车站不久后压死了一位倒在铁轨上的女人。起初以为是卧轨自杀，但事后调查证实是他杀。被害人被强迫吃了安眠药而熟睡，然后又被搬到铁道线上让火车压死。很快就找到重大嫌疑犯，此人就是与被害人正在分居的丈夫。

然而，当刑警问及不在现场的证明时，他却做了如下回答："发生事故时，我就在那趟列车上。自己乘坐的列车压死自己的妻子是何等不幸的偶然呀。可不管怎么说，我不是罪犯。你若不信，去问列车员吧。他会证明我确实是坐在这趟列车上的。"

为此，刑警找来那趟车的列车员与嫌疑犯当面对质。

"是的，这个人的确坐在车上。刚刚过了R车站，他就来到乘务室向我打听联运轮船的时间。发生事故是在那之后。"列车员答道。这样一来，嫌疑犯就有了充分的不在现场的证明，可以解除嫌疑。但列车员像突然想起了什么似的又说："说起这事，刑警先生，那天晚上在列车通过R车站之前不远处，曾临时停过一次车。是因为有人跳车自杀而紧急刹车的，可我同司机下车一看，压死的不是人，只不过是一个人形模特。"

"什么？人形模特……"

"一定是有人要阻止列车，实在是品德败坏的恶作剧！"

刑警一听，马上就识破了罪犯的巧妙伎俩。

聪明的读者，坐在行驶的列车上的

罪犯采用什么手段，又用这趟车压死其妻子的呢？

盛开的花

位于加拿大太平洋海岸上的温哥华，一个夏天的早晨，发现了一具三十五六岁妇女的尸体。在可以俯视海湾的山冈上的草地里，铺着一块塑料布，尸体就躺在上面。

警察经过身份调查得知，死者原来住在市内的一家公寓里，是过着孤独生活的寡妇。她丈夫在几年前因飞机失事遇难。此后她便靠抚恤金和生命保险金维持生活。她因花粉过敏很少外出，喜欢织毛衣和刺绣，是个性格孤僻的女人。

推定死亡时间为前一天傍晚。死因是氰酸钾中毒。尸体旁边扔着装有掺着氰酸钾的果汁的易拉罐空筒。空筒上还留着她本人的指纹和唾液。并且，发现她的手提包里装着日记本，里面抄写有一首美化死亡的诗句。于是，警察把它当做遗书，认定此案为自杀。

可是，当死者的哥哥从首都渥太华赶来处理她的后事，并顺便到山冈上看看妹妹死去的现场时，就马上向警察提出："刑警先生，妹妹不是自杀。如果服毒自杀，也绝不会选择这种场所的。"

刑警大吃一惊，问他理由。他指着现场盛开的黄色野花说明了理由。之后，他又接着说出："罪犯一定是从妹妹那里抢夺了钱财而毒死她的。然后又移尸至此，伪造服毒自杀的假现场。至于那份所谓的遗书，其实是妹妹从小就喜欢诗词，早就抄到日记本上的。一定是罪犯拿到了妹妹的日记而利用了它。总之，请重新进行调查。"

在他的强烈要求下，警察重新进行了侦查，几天后便抓到了罪犯。罪犯是个叫杰克逊的中年单身汉，是今年年初才搬到被害人住的公寓里来的。当他知道隔壁住着个有些钱财的寡妇后，便用花言巧语接近她。此后，正如被害人的哥哥所推理的那样，罪犯伪造她服毒自杀的假象，将尸体转移到山冈上的草地里。罪犯以为自己伪装得很成功，但没到由于被害人哥哥的出现而使情败露。奇怪的是，被害人的哥哥怎么一眼就看出现场的问题。

聪明的读者，哥哥为什么对妹妹的死因提出疑问了呢？

 神秘杀人案

这是一对新婚夫妇去冲绳蜜月旅行中发生的事情。傍晚，他们沿着沙滩散步时，突然发现一个身穿泳裤的青年倒在一棵大椰子树下面，已经死去了。两人一时被惊呆了，看上去那青年是太阳穴被打破，有血流出来，并且已经凝固变干。尸体旁边有一颗大椰子，椰子上还沾有血迹，椰树下的沙地上留着大椰蟹爬过的痕迹。

"这可能是椰蟹爬过的痕迹。"新娘子说。她是大学海洋生物专业的毕业生。

"椰蟹？那样的话，就是这位青年在树下睡觉时，有一只椰蟹爬来，爬上椰树，用自己的大剪刀剪断椰柄掉在树下，椰子正好落在睡觉的青年人的头上。"新郎抬头看着椰树说。

那棵树上还挂着几颗椰子，又硬又重的椰子从高处落下打在头上的话，一下子就完了。

"你能知道什么时间死的吗？"

"外科是我的专业。"于是，丈夫用手触摸尸体检查。"大概已死亡四五个小时了。"

"那么就是说，是今天下午2点至3点钟期间了。"

"差不多。"

"如果是这样，这就不是事故死亡，而是杀人案件呀！罪犯用椰子打击被害人头部将他杀害后，伪装了树下的椰蟹的足迹，伪装是椰蟹干的勾当。"新娘果断地说。

聪明的读者，这是什么道理呢？

 窃贼

一个星期日的中午，绿庄公寓发生了一起盗窃案。就在住在 8 号房间的一个单身职员外出买橘汁的五六分钟里，5 万元现金被盗。据说现金是放在橱柜的抽屉里的。这位职员在中午外出时没有锁门，同公寓的 10 号房间的北村知道他出门。听了失主对情况的介绍，刑警马上到 10 号房间去查看。他一进门，就见北村一边吃方便面一边看漫画，他是一个大学生。

"8 号房间的失窃者出去买橘汁的时候你在哪？在干什么？"

"我一直在看漫画呀。"

"你没听见那个房间里有什么可疑的动静吗？"

"没有，那时正好有架直升机在这座公寓的上空盘旋，噪音很大，一点点的动静是察觉不到的。"

据公寓的管理员说，中午并没有外人进公寓。那么，肯定是内部人干的。

"别的房间里有人在吗？"

"6 号房间里有一个叫寺内的人应该在的。今天是星期日，别人全出去玩了。"听完管理员的介绍，刑警又到了

6 号房间，见寺内正穿一身西式睡衣躺在床上，一边吃花生米一边看电视。那是台最新型的彩电。当刑警问他有无中午不在现场的证明时，寺内回答说："我在看电视里的歌曲节目。"

"哎呀！好漂亮的彩电啊！图像一点也不闪动吗？"

"从来没有过。这又不是什么二手货，是我三天前才买的新产品，还是借钱买的呢！"寺内带着苦笑炫耀着。

"听到 8 号房间里有什么可疑的动静吗？"

"没有，一点也没察觉到，因为电视里有我最喜欢的歌手在演唱，我看得着了迷，并且那时正好有架直升机很讨厌地在头顶上盘旋。"

"你说谎，罪犯就是你！直升机在盘旋时你并没看电视，而溜进了 8 号房间找钱吧。你快把偷的钱交出来。"刑警边说边敏捷地给他戴上了手铐。

聪明的读者，这位刑警究竟以什么证据识破了寺内的盗窃手段呢？

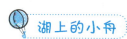 **湖上的小舟**

夏天的一个早晨，玩帆板的一个青年发现湖面上浮着一叶小舟，里面躺着一个金发女郎的尸体，是被用刀刺死的，船底一片鲜血，估计死亡时间是前

天即星期六下午3点多钟。

经调查，不久就找到了有重大嫌疑的人，是住在波罗的海海边城镇的一个单身汉。镇子离发现尸体的湖泊处有100公里。但此人有当时不在作案现场的证明，作案时间前后，有邻居看见他在海岸边自己的家中。

"可是，即使你有确凿的当时不在作案现场的证明，那也是毫无意义的。因为作案现场不是那个湖泊，而是在你家这个海岸上，你是在小舟里把她杀害的，夜里把装尸体的小舟放到汽车上运到湖边，再把小舟放到湖里。这样造成了被害人是在湖泊里被杀害的假现场。"

警察一针见血地揭穿了他的诡计。

"你到底有什么证据做出这种判断呢？"凶手反问道。

"要证据吗？就是那只小舟的底部，这是因为你的疏忽造成的漏洞，也就是你的失败。"刑警冷笑着回答了他。

聪明的读者，你说证据是什么呢？

死亡的真相

一个星期天的早晨，未原博的尸体被人发现。报案的是住在他隔壁的同事南谷泉一。

接受内田警官询问时，南谷回答："我和未原是同事，感情很好。最近未

原想结婚，租下了郊外的一幢房子，想趁星期天早上搬家。我想早点过来帮他收拾一下，所以8点钟我便去敲他的房门，但没听见回答。我觉得奇怪，并闻到煤气味，就去找管理员荒川。可荒川昨天下午就出去了。没办法，我找来两位同事，弄坏门锁进了房间。房间里臭味很浓，那两位同事去开窗时，我发现未原枕边的暖炉漏煤气，就马上关上了开关，接着打电话叫来救护车。"

接下来是另外两个人的证言："我们一直住在这里。这次为庆贺未原乔迁之喜，昨晚我们和南谷一起为他举行了欢送会，到11点钟才结束。我们三人一同离开，未原送我们到门口。你说暖气炉吗？昨晚很热，我想大概没打开，而且我们当时喝的是啤酒，也不需要温酒……"

内田警官认真听着他们的谈话，又仔细勘察了现场，房间的门窗都是从里面锁好的，房间内充满煤气，这一切都似乎说明这是一次意外死亡事故。于是他回到警局，坐在沙发上，点燃一支香烟，松弛一下。

这时，一位细心的老刑警回到警局，以怀疑的口吻说："我听说未原的未婚妻半年前还是南谷的女朋友，是未原横刀夺爱，南谷心怀怨恨……"

"可是未原的死亡完全是意外呀！我已仔细勘察了现场，煤气漏气的原因也很清楚。何况，南谷昨晚也参加了欢送会，那不表示他们已和好了吗？"

这时，电话铃响了，是管理员荒川打来的。荒川说："……就因为这样，所以未原绝不是意外死亡，而是被人杀害的。今天是星期天，而我昨天下午就和人约好出去……"

内田放下电话听筒后，以不好意思的口吻对站在旁边侧耳倾听的老刑警说："你猜对了！凶手可能是南谷，马上去申请逮捕令吧！"

聪明的读者，荒川到底说了些什么，为什么他断定未原是他杀致死的呢？

谎言

凌晨3点30分，侦探康纳德，史密斯床边的电话铃急促地响了起来。电话里传来一个女人的声音："您是史密斯先生吗？"

"是的。你是谁？"

"我叫爱丽斯·伯顿。史密斯先生，请您快来，有人杀害了我的丈夫。"

史密斯记下了她的地址。门外，北风呼呼，大雪纷飞。"这鬼天气，真冷！"史密斯边说边穿好大衣，围上了一条厚厚的毛围巾。40分钟后，他来到伯顿夫人的家。

爱丽斯·伯顿看来一直在等候侦探的到来，一听见门铃响，她立即为史密斯打开了房门。史密斯一进屋，觉得屋里很暖和，不由得摘下了围巾，脱下了大衣。伯顿夫人穿着睡衣，脚上是一双拖鞋，头发乱蓬蓬的，脸色惨白。她告诉史密斯："尸体在楼上。"

史密斯说："请谈谈具体情况。"

"我和我丈夫是在夜里11点45分睡的，也不知道怎么了，我在3点25分左右就醒了。听听丈夫一点气息也没有，觉得很奇怪，仔细一看，才发觉他已经死了。他是被人杀死的。"

"后来呢？"

"我立即下楼给您打电话。那时我看见那扇窗户大开着。"她用手指了指那扇还开着的窗户。"凶手一定是从那扇窗户进来的，然后又从那扇窗户出去的。"

史密斯走到窗户前，只觉得猛烈的寒风"呼呼"地直往屋里吹，他缩了缩脖子，忙关上窗户。他转过头来对仍在抽泣的伯顿夫人说："验尸的事让警察和法医来做吧。在他们到达这里之前，你或许愿意把真相告诉我吧！"

伯顿夫人听史密斯这么一说，脸变

得更苍白了："您这是什么意思？"

史密斯侦探冷笑道："因为刚才你没有对我说实话。"

聪明的读者，为什么史密斯侦探认为伯顿夫人没说实话呢？

 主角

亚历克斯·怀特有两个妹妹：贝尔和卡斯。亚历克斯·怀特的女友费伊·布莱克有两个弟弟：迪安和埃兹拉。他们的职业分别是：亚历克斯·怀特—舞蹈家；迪安—舞蹈家；贝尔—舞蹈家；埃兹拉—歌唱家；卡斯—歌唱家；费伊—歌唱家。

六人中有一位担任了一部电影的主角，其余五人中有一位是该片的导演。

（1）如果主角和导演是亲属，则导演是个歌唱家。

（2）如果主角和导演不是亲属，则导演是位男士。

（3）如果主角和导演职业相同，则导演是位女士。

（4）如果主角和导演职业不同，则导演姓怀特。

（5）如果主角和导演性别相同，则导演是个舞蹈家。

（6）如果主角和导演性别不同，则导演姓布莱克。

聪明的读者，谁担任了电影主角？

提示：根据陈述中的假设与结论，判定哪三个陈述组合在一起不会产生矛盾。

 雪地上的足迹

在一个白雪皑皑，积雪厚达25厘米的严冬的早晨，罪犯在自己家里杀人后，穿过一片空地，将尸体扛到邻居家一所正在建造中的空房内，转移了杀人现场。他又顺原路返回家中，拨通了110报警电话。

几分钟后，警察巡逻车赶到。

"今天早晨，我想扫雪，去邻居家的空房里找推雪板，却发现了一具年轻的女尸，着实把我吓了一跳。因为空房周围没有被害人和凶手的脚印，所以此人肯定是昨天夜里木匠走后，下雪之前，在空房里被杀的。"他装作发现者的样子若无其事地说。

此时，正巧团侦探打此路过。

团侦探闻讯后，凭着天生的好奇心，查看了报案者往返现场时留在雪地上的脚印。

"警官，那个家伙在说谎，凶手就是他。是他在自己家杀人后将尸体转移到这所未盖完的空房里的。"

聪明的读者，你知道是为什么吗？

美术馆的失窃案

女盗梅姑从芝加哥美术馆轻而易举地盗出一张世界名画，驱车上了高速公路向东逃往纽约。

进了纽约后，她在汽车餐馆吃了点儿东西，没想到却在那儿碰上了团侦探。

"哟，真是有缘千里来相会呀，没想到又在这儿相见了，是驾车旅行吧。"团侦探凑到同一张桌上搭讪。

"是的。刚好……哎呀，怎么都这个时间啦。对不起，我失陪了。"梅姑看了看手表，慌忙起身要走。团侦探一把抓住她的手腕拦住了她。

"那件事不是已经干完了吗，还是不必那么急着走吧。"

"啊，你指什么？"梅姑心里惦记着放在汽车后备箱里盗来的画，可表面依然故作镇静。

"刚刚电视新闻里说，昨天夜里芝加哥美术馆的一张名画被盗，难道那不是你的拿手好戏吗？我不是警察，你老实跟我说。"团侦探盯着梅姑的脸，笑呵呵地说。"你这是什么话！我这一个星期根本就没离开过纽约。"

"装傻也没用，你去过芝加哥，你手上的表已经告诉我了。"团侦探直截

了当地挑明了。

聪明的读者，你知道是为什么吗？

贼喊捉贼

在一个白雪飘飘的寒冷的中午，某老板来到他年轻的情人的住所。一进屋，不禁大吃一惊，只见她手脚被捆着绑在床上。

"到底出了什么事？"

他一边为她解绳子一边问道。

"昨晚十点左右，一个蒙面歹徒闯进来，把我捆绑之后，将你存放在我这儿的用假名字存的银行存折抢走了。"她一边哭着一边答道。

可是老板环视了一下房内后，突然注意到了什么，"你撒谎！你是我来这儿前，你自己捆上手脚而谎称强盗来的。还是痛快地把骗去的钱给我交出来。"老板一眼看穿了她的把戏。

聪明的读者，你知道是为什么吗？

教练被杀案

在一个建有体育中心的公园里，田径教练身穿运动服倒在运动场的跑道上。是头部被击致死。发现尸体的是当日早晨和团侦探一起散步的青年医生。

"尸体还有体温，看来被害的时间不长。"医生摸了摸尸体说道。

"被害时间是从现在算起21分36秒前。"团侦探很肯定地说。

"什么，尽管您是位名侦探，可怎么会知道得那么准确呢？莫非是您目击了作案过程？"医生非常吃惊地问。

聪明的读者，团侦探是如何推测得如此精确呢？

越狱的囚犯

囚犯萨姆被关在监狱的单人牢房里，可就在一天深夜，他用线锯的细锉刀锉断窗户的铁栏杆越狱逃跑了。

在萨姆被关在单人牢房期间，从没接受过外部送的东西。虽然他妻子常来探监，但只是在会客室隔着窗玻璃用互通电话交谈，传递线锯是不可能的。而且，他在被关进单人牢房时接受过严格的搜身检查。

那么，囚犯萨姆是如何搞到线锯的呢？

监狱长在查看牢房被挫断的窗栏杆时，见窗台上有鸟粪，便看出了名堂。

聪明的读者，你知道是为什么吗？

男孩是谁

中学一年级学生A君，某星期日骑着一辆新买的自行车，去公园游览。突然，他觉得肚子不好受，便跑进厕所。可几分钟后出来一看，停在那儿的自行车不见了，不禁吃了一惊。

因车子前轮锁上了链锁，如没有另配的钥匙开锁，只有切断锁链，否则绝不可能将车骑走。

实际上，是在附近玩耍的一个男孩开玩笑，擅自骑车在公园转了一圈。

聪明的读者，究竟是哪个男孩？用什么手段？前轮不转还能将车骑走的呢？

占卜师的死

因电视节目《你的过去和未来》而名声大噪的"蒙面占卜师"在某个夜晚，不知为何人所害。死因系有人在占卜师喝的咖啡中下了毒。

占卜师的私生活无人知晓，他长得什么样，过去是干什么的均是个谜。

嫌疑犯有以下两人：一个是占卜师的弟弟——隆一；另一个是来请占卜师占卜的客人——山村。

聪明的读者，你知道是谁杀了"蒙面占卜师"吗？

尸体之谜

被称为"守财奴"的吝啬的高利贷主，在某个夜晚被持枪歹徒枪杀，保险柜中的巨款被洗劫一空。

死者胸部挨了两枪，但更残忍的是，胃也被用刀扎得乱七八糟。

然而，此案的凶手为何只割破了被害人的胃呢？刑警颇为不解。

聪明的读者，如果是你，该如何解此案之谜呢？

暴尸荒野

这是发生在荒野的杀人事件。

人们发现放牛郎被绑在一棵枯树上，人已经死了。他被堵着嘴，连脖子处也被用绳子捆了三圈。

就是捆住脖子的这根绳子使被害人窒息身亡。死亡时间推定在午后左右，曾下过一场暴雨，持续大约一小时。

翌日，虽然捕获了凶手，但奇怪的是，此人从当日中午起到尸体被发现时，有确切的不在现场的证明，有证人证明当时该犯在街上的酒馆里喝酒。

聪明的读者，凶手在无同伙的情况下是用什么手段绞杀被害人的呢？

电车

李探长把自己深深地埋在坐椅里，用锐利的目光审视着桌对面的嫌疑犯，他涉嫌一宗冷血的谋杀案。现在的这个嫌疑犯也是本案的报案者。

"我要说多少遍你们才相信，"他装出一副无辜的样子，"我真的没有杀她。"

"7月22日下午2点40分到3点你在哪里？"

"我都说过几回了！我在15路电车上！"

"目的地在哪里？"探长面无表情地继续发问。

"哼，还要我说几遍你们才记得住……"

"目——的——地！"

"哼……她打电话叫我去她家，我就去了。"

"证人？"

"电车上那么多人我又不认识，找谁去？"

"几点到的？"

"3点左右吧。"

"也就是说从你上车到到达死亡现场也就是她家只用了20分钟？你怎么知道时间的？"

"差不多吧，我戴着表呢。"

"可是据我们掌握的资料来看，这段路程坐15路电车的话至少30分钟。"

"喔，我想起来了，那天的司机好像开赌气车，发了疯似的超车，就为了追自己的同伴，等超过以后他还大叫过瘾。"

"是吗?"

"真的,你可以去调查啊。"

"记录显示,你拨打报警电话是在3点10分,在这10分钟里你都干了些什么?"

"我一进屋,看到她倒在血泊中,就惊呆了,不知所措,等回过神来,去搭了搭脉搏发现已经没气儿了,就连忙报警了。"

"哦……"探长陷入了沉思。

"怎么样,现在我可以走了吧?"

"等等,还有最后一个问题。"

"什么?"他有些不耐烦了。

"2点30分到40分你在哪里?"

"当然在家里,我不是说过了吗,我接到她电话然后赶过去的……"

"好了,到此为止吧,我不得不告诉你,先生,你被捕了!"

"怎么回事,为什么?为什么?你有什么证据?"

聪明的读者,你知道是为什么吗?

谁偷了我的房间

小哈升职了。作为公司的高级雇员特许搬入公司新建的自动化住宅楼——双子大厦。

"你知道吗?今天有个新来的要搬进来。"

"呵呵,我知道你在打什么主意。老规矩,捉弄他一下。"

"你们两个人又准备开谁的玩笑了,带我一个。"

"好,我们就这样……"

……

"你好,我是小哈,来看新房子的。"

"是小哈呀!"大堂服务台的云柳查了查记录道:"有了。这是你的ID卡。双子大厦房门都是用ID卡开的。千万别弄丢了。你的住房是在19层,找到后把这个插在门上。因为10层以上还没装门牌号。"

"我还要找啊,不会打扰别人吧。"

"没关系,19层现在就你一个住客。"

……

小哈正兴奋地握着ID卡等电梯,突然有人拍了拍他的肩膀。

"小哈,恭喜你。"

"是小浩啊,你升得比我快,搬来快一年了吧。我住19层,你住几层啊?"

"20层,我给你介绍一下,这位是销售部的柯南。这位是公关部的小哈。"

"很高兴认识你。"小哈在和柯南握手的同时眼球已经完全被柯南手上的一本杂志吸引。

"啊，这不是现今最畅销的杂志吗？"小哈兴奋地说："能借我看看吗？"

"你看吧。"柯南递过那本杂志。

"叮……"

"小哈，电梯来了。"小浩边说边把已被杂志的内容深深吸引的小哈拉进了电梯。

"小哈，晚上有空一起去喝酒吗？"小浩问道。

"嗯……"

"小哈，今天你请客哦。"

"嗯……"

"叮……"

"好啦，到站了，别看了。"小浩一把抢过那本杂志道："别忘了请客喝酒。"

"啊？我请客喝酒？"小哈一脸迷茫，摸不着头脑。

"你刚才答应的。"小浩道，"这之前就先带我参观一下你的新房吧。"

……

三个人走在19层里转了老半天。总算是发现了一间ID卡刷得开的房间。

"就是这间了。"一进房间，小哈就迫不及待地跑到了阳台上。体验一下在自己的豪华公寓内观景的感觉。

"好了，先别感动了。"小浩催道，"时间不早了。我们去喝酒庆祝吧。"

"这么急干吗？"

"再不走酒馆就客满了。"小浩又把那本杂志塞给小哈道，"这借你看行了吧，走啦。"

……

第二天早上，小哈伴着一阵头痛从梦中醒来。昨天晚上喝得实在是太多了。结果还是小浩送他回来的。洗漱一遍后，小哈又里里外外地参观了一下新居。还兴奋地在阳台上大吼了几声。上午10：00，小哈在门上插上了门牌，离开了。

下午2：00，小哈带着一大堆行李回到了双子大厦。

"呀？怎么我的门牌不见了，是谁恶作剧。嗯？ID卡也不管用了。这是怎么回事？这确实是我的ID卡。我还做了记号。难道我搞错房间了？"

小哈忙在其他19层的房间门试ID卡。但是整个19层都刷遍了都没能找到自己的房间。

抱着行李满头是汗的小哈道："谁偷了我的房间？"

聪明的读者，你知道是为什么吗？

一起谋杀案

深夜12时，日本东京地区的警局，突然接获线报，在新宿区W酒店泳池旁，发现一名穿着和服的男子尸体。据初步调查，该男子是从救生梯上滑落于50米的泳池旁，倒地身亡。

警方赶抵现场，发现救生梯的门是在里面上了锁的，所以，该名叫张君的中国籍男子，不可能是自杀，也不可能是饮酒中毒死亡或在迷迷糊糊的状态下，跌落救生梯内的，显然这是一宗有计划的谋杀案。

警方在死者身上找到一本记事簿，资料显示死者最近因走私的生意与小田宏二曾有过节。小田宏二是日本一家钟表公司的推销员，他多次与张君合作做走私生意。

事发当晚，酒店的侍应生曾看见张君与一名日本男子在房内闲谈。因此警方怀疑两人在谈话时，为了生意的事情而起争执。事后小田宏二愤怒地离开，不久便发生了凶杀案。警方掌握了有力的证据，立即下达通缉令，把小田宏二拘捕归案。

第二天早上，警方接到报告，昨晚22时，从一辆由东京开往广岛的火车上，逮捕了小田宏二，当时他正在火车上大睡。

聪明的读者，张君跌落救生梯时，为什么小田宏二会在火车上呢？究竟他的不在场证据是如何设计的呢？

黑色的春天

八名中学生，相约在春天去深山郊游，深夜，好不容易找到一间被荒废了的密封的小屋。

于是，他们破门而入，在那小屋内歇息，他们砌起了一个炭炉子，并且拿出早已准备好的食物，在那里烧烤起来。

忽然间，他们发觉饮用的水没有了，于是推举了一位较大胆的陈姓同学去取水。陈同学摸黑出去，好不容易找到水源，可是却迷了路。

第二天早晨，陈同学才返回小屋，见小屋外面有许多警察，里面的七个同学被抬出来，每人都面目发黑而死，陈同学心里异常恐惧。

警方盘问了陈同学，发现他们的领队是近日闹得满城风雨的"末日教"信徒。

聪明的读者，究竟是不是全体自杀呢？为什么陈同学可以避过厄运呢？他有没有嫌疑呢？

拉肚子

某日晨，漂亮的歌手丽莎死在自己的公寓里。最先发现尸体的是她的经纪人。见她房门没上锁，经纪人心想她太粗心了，便走进房间里，却不见丽莎人影。只有卫生间的门是从里面拴着的，打不开，门缝底下流出的鲜血已经凝固，经纪人大吃一惊。

他马上叫来公寓管理员，一起撞开卫生间的门，见丽莎穿着睡衣坐在便池上已经死了。是被匕首状的凶器刺中了背部。看起来像是在卧室遭到袭击后逃进卫生间，从里面插上门，以防凶手追击时断气的。警察勘查了现场，但未发现任何可成为凶手线索的证据。调查陷入困境。

事后，波越警官赶巧碰上了好友明智侦探，将调查中遇到的难题向明智侦探诉了一番苦。

"要是这样的话，请带我去看看现场。我还是她的热心听众呢，对这个案件也挺感兴趣。"明智说道。

"就算你这位名侦探亲临现场，我看也不见得能发现什么。"警官虽不抱太大的希望，但还是带他去了现场。

明智侦探仔细查看了被害人死去的卫生间。

"警官，真对不起，我突然想要大便。"

"喂，喂，什么坏毛病，是没用过这种坐便怎么着？"

"不巧，今天早晨肚子不太舒服。"

明智侦探苦笑着关上了卫生间的门。

几分钟后，他才表情轻松地走了出来。"警官，凶手是大写字头为 A。K 的人。"警官大吃一惊。"真的吗？在哪儿找到什么暗示了吗？""是拉肚子的功劳。"明智侦探咪咪地笑着。

聪明的读者，明智侦探是从哪儿发现凶手名字的缩写字头的呢？

宝石藏在哪儿

夏季的一天，怪盗千面乔装改扮，混进珠宝拍卖会场，盗出 2 颗大钻石。一回到家，他马上将钻石放在水里做成冰块放在了冰箱里。因钻石是透明无色的，所以藏到冰块里，万一有警察来搜查也不易被发现。

第二天，明智侦探来了。"还是把你偷来的钻石交出来吧。珠宝拍卖现场的闭路电视已将化装后的你偷盗时的情景拍了下来，虽然警察没看出是你化的装，但你瞒不了我的眼睛，一看就知道是你。"明智侦探说。

"如果你怀疑是我干的，就在我的家搜好了，直到你满意为止。"千面若无其事地说。

"今天真热呀，来杯冰镇可乐怎么样？"

千面说着从冰箱里拿出冰块，每个

杯子放了 4 块，再倒上可乐，递给明智侦探一杯。将藏有钻石的冰块放到了自己的杯子里，即使冰块化了，钻石露出来，在喝了半杯的可乐下面是看不出来的，明智侦探怎么会想到在他眼前喝的可乐中会藏有钻石呢，千面暗自盘算着。

"那么，我就不客气了。"明智侦探接过杯子喝了一口，下意识地看了一眼千面的杯子。"对不起，能换一下杯子吗？""怎么！难道怀疑我往你的杯子里投毒了吗？""不，不是毒。我想尝尝放了钻石的可乐是什么味道。"明智侦探一下子从千面手里夺过杯子。

聪明的读者，冰块还没溶化，那么明智侦探是怎么看穿千面的可乐杯子里藏有钻石的呢？

嫌疑人

老约翰被发现死在别墅厨房的地上，后脑勺一片血肉模糊。探长小木找到老约翰的三个儿子，问道："你们的父亲被手枪打死了，死亡时间大致是下午 3～5 点，请谈一下事发当时你们都在做什么，还有你们有没有什么怀疑的对象？"

老大："我一下午都在楼上房间里睡觉，什么都没有听到啊，怀疑谁吗，

我认为是老二，他最近和父亲一直不和，还扬言要杀死父亲！"

老二："我下午在回来的路上，交通很糟糕，我被堵在车流里面，我想是入室抢劫吧，不和吗，是有些争吵，但我只是说说而已，哪里会真的动手呢？而且我有那么大的力气吗？"

老三："我下午出去跑步了，就在这附近的街道，跑了大致一个多小时，回来后就直接去浴室洗澡了。我想是大哥吧，父亲把公司交给二哥打理，大哥好像一直都不怎么开心……"

聪明的读者，你知道凶手是谁了吗？

再不需要侦探了吗

歇洛克·福尔摩斯的《苏阿桥》中有这样一个案例：

某富豪的太太死在池塘的石桥上。是被手枪击中头部当即死亡的。因尸体旁边没留下凶器手枪，所以警察断定是他杀。

可是，大侦探福尔摩斯发现石桥的扶手上有一块伤痕，便断定此案为自杀。

"这位太太是伪装成他杀的自杀。她将手枪藏起来就是证据。因为如果尸体旁没有凶器，就会被认作是他杀。"

"那么，她是怎样把手枪藏起来的呢？头部中弹一瞬间就会死的，她是不可能自己再将手枪藏起来的。"助手华生感到很纳闷。

"喂，你瞧瞧这石桥护栏上的痕迹，是被什么硬物碰撞过，护栏边被碰掉了一块角。是太太将手枪拴上一根长长的绳子，另一端拴上一块比手枪重得多的石头，挂在石桥护栏上。这样扣动扳机后，从手中脱开的手枪就会被石头拉着沉入池塘底部，这时，手枪撞击到石桥护栏边上留下了痕迹。"福尔摩斯回答说。

潜入池塘水底一找，果然不出福尔摩斯所料，发现一个长长的绳子拴着手枪沉在池塘水底，另一端拴着一块大石头。

以上就是《苏阿桥》中的作案手段。然而在科学搜查日趋发达的今天，这种手段已不再适用。即使尸体旁边没留下凶器手枪，桥护栏上也没留下撞击的伤痕，也会判明这个太太是自杀的。

聪明的读者，你知道是为什么吗？

鬼点子

莫里斯·勒布朗是英国侦探小说家，他笔下的阿森·吕班，是个神出鬼没的怪盗。某夜，吕班潜入S公爵的住宅，从三楼卧室偷出一份重要的外交信件，正要离开房间，听到门外有脚步声——S公爵参加晚会归来。吕班进退维谷。窗下有一条运河。若跳进运河就可以脱身，但外交信件会被弄湿。踌躇中，看到自己的帮手在对面的大楼窗口等待接应。吕班灵机一动，打算先把信件递给帮手，再只身逃走。他钻到窗外，趴在窗台上探身、伸手，很遗憾，还差七八厘米够不着。手边又没有杆子或棍子之类的工具。对面楼的窗台很短，跳过去也没有落脚之处。把信件扔过去，又担心被风刮跑。"有了！就这样干。"吕班急中生智，什么工具也没有，就把外交信件递给了帮手。然后，只身跳入了运河之中。

聪明的读者，你可知怪盗想了个什么鬼点子吗？

[答案]

 凶器

答案： 戴维曾是个航模运动员，他杀妻后将凶器放在航模上，然后遥控航模飞行到酒店屋顶后抛下凶器，所以警探在现场找不到凶器。

死里逃生

答案： 第二天，农夫从法官那里抽出一张小纸片后，看也不看，立即把它放进嘴里吞了下去。法官想：两张小纸片一张写着"生"，一张写着"死"，农夫抽的一张虽然被毁了，另一张还在，只要把另一张抽出来看看，不是就可以知道农夫抽到的是什么签了吗？法官把另一张小纸片抽出来，看上面写着"死"字，就大声宣布："农夫抽到的是'生'字！"

巧识门牌号

答案： 64号。首先想最简单的处理办法，这里一共有5个条件，能作为初步判断的只有前三个，那么前三个中最简单的就是第三个立方数的条件，假设为真，得出1～10的立方数，其中

既符合平方数也符合立方数的只有64和512，若大于500则只有512，小于500则只有64，但512中有1，所以只能是64。

巧猜字母

答案： B先生所想的字母是H。

巧妙的自杀

答案： 萧雅不是自杀。因为如果真是萧雅自己开车到灵园自杀，妻子没必要调整汽车后视镜，因为两人的身高是一样的。然而，汽车后视镜被动过，说明开车的并不是萧雅，而是凶手，他开车把萧雅载到灵园，伪装成自杀后逃跑，但是没有把后视镜调回原来的位置，便露出了破绽。

越狱

答案： 川本一郎把空碗翻过来，大碗下面有一圈凸出的碗底。不仅大碗，一般盘碟之类的器皿也有这样的底子。野君送面来时，钥匙可粘在碗底，这样，不管怎么检查碗中的面条也发现不了。碗里装着面条，也不可能倒过来

检查。麦吉吃完面条，等田野一郎睡着后，就用钥匙打开牢房逃跑了。

离奇盗窃案

答案：是蓬莱干的。他暴露出喇叭是藏在盒子里偷走的，而且还知道店里有三个钱箱被撬。此外，他在短文里几乎所有的行动都跟实际发生的事实相反。

凶器是什么

答案：凶手就是男青年，凶器是钟乳洞内坚硬的冰柱，因冰尖刺入女青年颈部，受热而融化，故现场没有发现凶器。

凋谢的玫瑰

答案：放在窗台上花瓶中的13朵玫瑰，在房间里搁了两个星期后早已枯萎凋谢，窗台、地板和地毯上应该找得到落下的花瓣，不可能"只有一点灰尘"而"没有别的东西"。所以侦探才认为这些花瓣是凶手清除血迹时一同擦掉了。

入室抢劫案

答案：由于酒窖四周无窗，秘书若真的失去知觉，醒来后就无法知道外面是白天还是黑夜，就是有老式手表，他也无法知道到底当时是近中午12点还是夜里12点。而按照王先生平时的习惯，总是在中午12点左右到家的，这样秘书听到王先生回来时就会以为是中午，而不会催王先生到车站去追赶午夜列车的盗匪了。

离奇的死亡

答案：是自杀。由验尸报告指出，死者死于绞杀，但也极可能在自缢之后，被人用尼龙绳圈两圈套在脖子上，再稍加压力，如此就如同被人勒死一般！这是赵国想出来的方法。

因为打麻将输钱的赵国，急需10万元，于是来到父亲家，不料却发现父亲已经投环自尽。他发现尸体还有余温，说明刚断气不久。旁边还留有一封遗书，说明因为太太住院，失去生活的勇气，希望日后赵家兄弟姐妹要好好照顾他们的妈妈，他投保的保险金，希望能让太太以后的生活更加舒适。

赵国立刻找出了保险的契约书，但是还未满两年。赵国本身是保险业务员，他知道如果两年内被保人自杀，一毛钱也得不到，父亲一定不知道这件事。于是灵机一动，制造成一件杀人命案，因为如果没有人告发这件事，保险

公司就必须赔钱。

心理测验

答案：做出以上裁决的原因是坐在被告席对面的主审法官提醒了陪审团：刚才，在律师进行那场"即兴的心理测验"的时候，人们的目光确实都转向那扇侧门，唯独被告华力例外，他依然端坐着木然不动。因此，可以得出推论，在全厅的人中他最明白：死者不会复活，被害者是不可能在法庭上出现的。

模特儿与男子

答案：发梢的形状不同是关键所在。尼尔侦探用放大镜对比了从被害人手里拿来的头发和刚从奥尔头上拔下来的头发。发梢的形状不同。奥尔的头发是昨天中午刚理过的。发梢被剪得很齐，而被害人手里攥着的头发发梢是圆的，也就是说是理发之前的头发。凶手女佣人为了嫁祸奥尔，在给他打扫房间时偷了几根留在梳子上的头发，又放在了被害人的手里。

失踪的凶器

答案：罪犯用结实的纸绳将手枪捆到塑料凉鞋上扔到河中。这样一来，塑料凉鞋就代替了浮袋，小型手枪也就不至于沉到河底，而是顺水漂向下游。不久，纸绳湿透后便断了，手枪失去浮力，也就沉入河底，但此时已是离桥很远的下游，所以无须担心被发现。恰巧这天夜里没有月亮，夜色漆黑，赵亮自然看不见手枪在河面上漂走的情形。

失踪的新郎

答案：黛娜的丈夫查理其实是个结婚骗术师，就是该观光客轮的一等水手。为了骗取黛娜的2万美元，他使用假名，隐瞒船员身份，同她闪电般结婚。

在码头上，他同黛娜一起上舷梯时，不用说穿的是便服，以便不暴露身份。二等水手以为上岸的一等水手回来了，怎么也不会想到他是黛娜的新郎。所以在黛娜向他们询问时，说了那样一番话。

如果是船上的一等水手，在船舱的门上贴假号码，更换房间也是可能的。第二天早晨，打电话把黛娜叫到甲板上并企图杀害她的也是他。

中尉的密码

答案：这组密码的意思是：寄款。我们已经知道，这组密码运用了汉语拼音的规律和"三进位制"。那么，汉语拼音的 26 个字母是否可以用从 1 到 26 的阿拉伯数字来代替呢？不妨试试：

而"盼归"、"买书"、"寄款"的汉语拼音分别是"pangui"、"maishu"、"jikuan"。用阿拉伯数字代替这三组汉语拼音字母，分别是"16、1、14、7、21、9"，"13、1、9、19、8、21"，"10、9、11、21、1、14"。再把这三组数字换成三进位制，分别是"121、001、112、021、210、100"，"111、001、100、201、022、210"和"101、100、102、210、001、112"。最后一组数字与题目所给的一组密码相同，从而得知，这组密码的意思是"寄款"。

密室命案

答案： 凶手是波特，他进入了老主人的房间，和他商量了与艾尔结婚的事情，趁其不注意就将毒药放进了杯子里，然后离开。老主人喝完酒之后就中毒了，他无法喊叫，在这紧要关头他想到了电脑，他很想在电脑里输入凶手的名字，然而却毫无办法，因为电脑关着。他想找笔，也没办法，整个房间里没有笔。他只剩下一种选择了，用房间里的日本刀将自己杀死。于是他取下日本刀。就这样自杀吗？不行，剖腹自

杀会让人联想到自己自杀，如果要让别人看得出是他杀，那么只有将刀尖对准后背了。想到这里，他立刻将自己杀死了。由于老主人有锁门的习惯，所以在波特走后，他很自然地就将门反锁了，造成了密室杀人事件。至于渔线和针根本就是波特故意放在垃圾箱里用来迷惑侦探的。

离奇凶杀案

答案： 后来，终于在河底找到了一个望远镜，这是一个长度仅四十厘米的望远镜。严勤学的弟弟送来的那个小包裹里，装的就是这个望远镜！但这个望远镜怎会和杀人案扯上关系呢？

潘教授把望远镜仔细地看了看，过了一阵说："我的推测一点也没错，这个望远镜是可以随时拆开的，严勤学的弟弟把细毒针装在这个望远镜的镜筒内，当严勤学把望远镜放在眼睛上，用手转动镜筒中央的螺丝来调整镜头焦点时，藏在镜筒内的细毒针受到弹簧的反弹力便跳了出来，正巧刺进严勤学的右眼，严勤学惊慌失措，把手中的望远镜扔了出去，望远镜就是这样掉进塔楼下的河里，虽然严勤学及时用手拔掉了刺在眼中的细毒针，可是这样更加速了他的死亡。"

丢失的钻石

答案: 钻石是夏尔太太的女友弗路丝偷的。要知道是谁作的案,就必须推断出谁有时间、有条件作案,我们不妨这样来推算:设水流速度为 u,船在静水中的速度为 v,那么船顺流时速度为 $v+u$;逆流时的速度为 $v-u$;再设投下骨灰盒的时间为 t。

因为小木盒漂流的路程加上船逆流赶上小木盒所走的路程,等于船在10点30分到11点45分这段时间内顺流所走的路程,即:

$(v-u)(10:30-t)+(11:45-t)u=(u+v)(11:45-10:30)$

解此方程得 $t=9:15$ 分。

因此,投下骨灰盒的时间是9点15分,而此时安娜正在与夏尔太太争吵,她不可能作案。因此作案的是弗路丝。

 痕迹的秘密

答案: 小池美江子说梅本昨天夜里在她的别墅里过夜,这纯属谎言。梅本在下雪之前就一直在自己的别墅里了。

星期六早晨,雪停之后,美江子滑雪来到梅本的别墅。但她当时使用的是单只滑雪板。并且,在自己别墅门前的那棵松树上拴了一条绳子,一边放开绳子一边滑下来的。当到了梅本的别墅后,为了不让绳子碰到雪面,把绳子拴到了后门的柱子上。

作案返回时,又拉着那条绳子,边往身上缠绕,边用单只滑雪板缓慢地爬上斜坡返回自己的别墅。

这样,雪地的斜坡上就只留下了两条滑雪板的痕迹,伪装得好像真是梅本自己从美江子别墅滑雪回去的痕迹。梅本别墅后门戳着的两只滑雪板,是美江子听了要下大雪的天气预报后,在前一天,事先拿到这儿的。

滑雪板痕迹所以很不规则、不自然,是因为拉着绳子用一只滑雪板往返造成的。还因拉着拴在树上的绳子往返,松树被拉得摇摇晃晃,所以枝叶上的积雪落到了地上。

 神秘咖啡杯

答案: 团侦探戴着毛线滑雪帽,在乱山接受杂志记者采访期间,他把帽子拆了,然后用长长的毛线穿上咖啡杯的把子,用双线把杯子悄悄地从窗子里放到地面,再放开一个头儿,把毛线收回,收回的毛线卷成团,从窗户扔到很远的地方。化纤毛线很结实,提一个杯子不会断的。

神秘照片

答案：罪犯是在头天晚上用纸做了一个帽子套在花蕾上，这样，清晨3点钟花就不会开了。作案后，罪犯跑回家取下花蕾上的纸帽，于是，开花的时间就推迟了。当花蕾开始开放时，他使用一次性照相机拍下开花过程的系列照片。

烧毁的汽车

答案：从调查被烧毁的汽车才知道，由于翻落时的冲撞而停止的油料表的指针正指向接近零处，也就是说，该汽车在翻落前，油箱中几乎没油了。所以，即使翻落山谷，引燃汽油着火，也不至于燃烧到将尸体和车体烧成灰烬的地步，008浇上汽油点燃火，这是个败笔。

邮票丢失案

答案：原来秀夫将邮票贴到有富二山图案的那张明信片上，再在上面贴上普通的纪念邮票。歹徒们没有注意到他会把邮票贴在那张使用过的不值钱的纪念邮票的里面。

谁是罪犯

答案：犯人是昨天中午在现场徘徊的汉斯。把珍珠掉在郁金香花瓣里就是证据。因为开花不久的郁金香，一到晚上天黑后花瓣就会合上。所以，被盗的珍珠能掉在花瓣里，这就说明作案时间是白天。但是要注意，将要凋萎的花，即使到了晚上花瓣也合不上。

侦探法布尔

答案：猫头鹰有个习性，它抓住老鼠和小鸟后会囫囵吞下，那些没有消化的骨头会随粪便排出。作为昆虫学家，法布尔当然知道猫头鹰的这个习性，他推理出罪犯贝尔那尔正是利用了猫头鹰这个习性，把三枚银币裹在肉中让猫头鹰吞下。猫头鹰夜间活动，夜间吃食，而且囫囵吞食，很容易吞进裹着银币的肉。第二天一早，排出没有消化的银币后，贝尔那尔捡来藏起，因此留巴洛解剖猫头鹰时，肚里已没有银币了。

死神从哪来

答案：凶手是管家。死亡原因不是枪杀，而是被高压电电死的。由于高压电造成的伤口非常像枪弹打出来的，所以只要在事后放进弹头就可以了。管家先在床上放上外边用来启动大型机器的高压电线，把富翁电死后，用枪在床上电线口的位置向楼下开枪，在天花板上造成枪洞。然后到楼下的房间对准天花板上的洞口开枪，留下火药烧灼的痕迹，造成是从楼下开枪的假象。只有管家有全部房间的钥匙，所以也只有他能在两个房间布置。证据就是他往楼上的床上开枪的时候，楼下相应的地方肯定有弹孔。

 凶杀案

答案： 是隔着门链用锤子击中小百合头部的。窗户上着锁，门也挂着门链进不来人，即使如此也不能说是密室。因为，挂着门链的门如果不锁照样能开几厘米的缝，罪犯就是利用这个空间作的案。那一天，绿子因还不上债不得不将自己心爱的项链交给小百合作为抵押。小百合嘴上说可惜，但还是贪婪地收下了，绿子一时生起杀人的恶念。但是，格外小心的小百合是决不会轻易让他人进屋的，接钱接物通常是在门口，而且是隔着门链进行的。因此，绿子心生一计，她故意将项链放在隔着门链能看得到，且能够拿到的离门稍远一点的地方，在小百合弯腰去拾时，绿子在门外用藏在身上的锤子猛击她的后脑勺，但这一击并未致命，小百合号叫着抓着项链跑回房内，终因伤势过重跑了几步就一命呜呼了。

 神秘青铜像

答案： 真正的凶手正是埃夫文。此案的关键是青铜像。埃夫文称，西斯蒙扔掉东西在岩石坡上撞了几下，在黑暗中划出一串火花，并说这是西斯蒙的作案凶器。这是谎言。青铜在岩石上不会撞出火花，这是青铜像的物理性质所决定的。因此西斯蒙不是凶手。

 谁在说谎

答案： 当时屋里只有办公桌右边的台灯亮着，而窗外漆黑一片，没有月光。坐在办公桌前是不可能先看到右边地上有个人影，然后才发现有个人跳出了窗外的。管理员老李在说谎。

 河边谋杀案

答案： 被害者是颈骨折断后当场死亡的，他根本不可能在地上留下字迹。所以，"Y"字是凶手写的。可以肯定不是拉维尔，因为拉维尔根本不认识这三位考古者，当然不可能知道"Y"这个字母。亚瑟也不是凶手，如果是他，就不会留下自己名字的符号。不错，凶手是斯特劳，他将三人中的一个杀害，嫁祸于另一个人，目的是将三个人的研究成果据为己有。

告密者

答案：小偷在按门铃时，那个女郎正在和朋友通电话，她说"请稍候"这句话是对电话中的朋友说的，因此她与小偷搏斗时，话筒摔了下来，她的喊叫声通过话筒传到朋友那里，她的朋友马上报告了警察局。

血书

答案：刀剑鉴赏家是凶手。武藏写在纸上的凶手是卖给赤尾军兵卫那把假宝刀的刀剑鉴赏家。一个武士，即使是亲友或心腹之人拔刀之时，他也会毫不犹豫地抵挡的。然而，只有一个人在眼前拔刀时对方不会有什么戒心，那就是刀剑鉴赏家。鉴赏家，因是做生意的，所以可随意拔刀，况且，买主也以鉴赏的心情站在对面，总会有疏忽大意的时候。赤尾军兵卫经武藏鉴定得知是假货后，可能会将那个鉴赏家叫来，鉴赏家拔出刀来给他看，装作说这说那的样子，突然刺向军兵卫的腹部。

凶手是谁

答案：凶手是牙科医生。因在治疗过程中，患者都张着大口，而且一般都闭着眼睛，所以将枪抵入嘴中是很容易

的。即使枪身碰到口腔内，对方也会以为是治疗器具而不去理会的。被害人每次就是在去看牙时随便从牙科医生那里领到毒品，而且在别人看来就像是按处方开的药似的将毒品堂而皇之地交给毒品贩子。当被害人贩毒渐渐受人注意后，又被其团伙干掉。无疑是被牙科医生在有隔音设备的治疗室中杀的，然后再移尸到死者的家中以转移视线。

证据是什么

答案：坎纳里森为非分泌质，这就意味着其唾液、胃液分泌液中不分泌血液型物质。因而根据上述分泌液判断的血型容易被误定为A型。且正因为绑架恐吓信的邮票后面的唾液是A型，所以才认定是坎纳里森的分泌物。由于赫雷斯不知个中原委，自以为同是A型血，才搞到了坎纳里森触摸过带有指纹的邮票，再由自己舔后贴在恐吓信上。坎纳里森自己舔过的，正如巴克昨日在事务所看到的，是工作上用的印花。在巴克离开后他舔过的几页中也许就有被赫雷斯事前涂过毒的。至于抽屉中的药瓶，也是赫雷斯捣的鬼。"

毒杀案

答案：贝克将两人共用的糖壶中的

糖换成了盐。布朗喝了加盐的咖啡之后不由得咳嗽起来。实际上这时候的杯子里尚无毒药，在场的人不过是事后回忆起来以为是因中毒而出现的痛状，而真正掺毒的是贝克递给布朗的那杯水。他大概是佯装吃药弄了一杯水，再偷偷将毒药放入杯中溶化。至于布朗杯子里的毒是布朗死后贝克趁众人慌乱之际将剩下的毒药放入布朗杯中的。所以，从溅到稿纸上的咖啡沫中没有化验出毒物。

正是这样，为避免生疑，贝克自己肯定也喝了加盐的咖啡。

巧妙的手段

答案：终于到了开庭的日子。辩护律师果然抓住了那一点纠缠不放。揪过检察官胸有成竹，传唤了证人制内大学的冈内教授出庭，并经审判长的同意，让证人当庭做了个简单的实验。这是个在小学便做过的冷却实验，本没必要由一个大学教授特意出庭来做。

将盛在烧杯中的水慢慢冷却，当水温达到 0℃ 时仍不结冰，当水温降至 -2℃ 左右，教授晃动了一下烧杯，眼见杯中的水面开始慢慢结冰。处于冷却状态下的水是极不安定的，所以哪怕是一点儿微小的晃动，也会很快冻结起来。

"……被告正是熟知防火用水常处于冷却状态这一点，才用此手段作案，以转移视线，逃脱惩罚。"揪过检察官在最终的求刑陈述中说道，"被告将被害人骗至水槽旁，在确认水尚未结冻之后将被害人掐死。万一水已结冻，他也许会暂缓杀人，另觅时机，但一向以嗜赌为乐的被告此时也孤注一掷的把宝押在了水没有结冻上面。被告所以要扒光死者的衣服，其用意显然是要加速尸体冷却，以制造死亡时刻早于实际死亡时间的假象，且裸尸更难于辨别身份，又无需担心衣服未被水完全浸透而露出破绽。再有，方才已经提到过的准备了纸造火柴做导火索，企图将脱下的衣物焚之于一炬。而且，尸体一经发现，自己又抢先破冰抱出尸体，无非是为了避免有人对刚刚结冻的冰的薄厚引起注意。归根到底，虽然被告在决意行凶前对不确定的可能性尚存侥幸一面，但其行凶杀人后的所作所为无不可以断言：这是一起经事前预谋，精心策划的极为凶残的犯罪……"

尸体之谜

答案：警察想起了死者有高处恐惧症，住在单身宿舍一楼的情况。有高处恐惧症的人，与害怕从高层楼上往下看一样，同样也会害怕乘船去深海和湖泊游览。乘小船时只要从船舷往水面下一看就会感到头晕目眩，两腿发软。一个患有高处恐惧症的人是绝对不会自己到湖里去划船的。

照片的问题

答案：照片里拍进了汽车是不对的。水都威尼斯是由118个小岛，约400座桥联结在一起的，117条运河是其主要交通路线的都市。威尼斯与对面意大利本土大陆之间以大铁桥连接起来，汽车只能进入岛屿的入口处，根本无法进入市内。因此，位于旧市区的桑·马尔格寺院的附近是绝对不会有汽车停在那里的。

消失的货车

答案：将三名罪犯分为A，B，C，设被摘下的货车为X。A和B潜入列车，C在支线道岔的转辙器处等候。列车从阿普顿一发车，A和B就将一根粗绳子系在货车X前后两节车厢的连接器上。绳子绕到X外侧，同支线正相反的一侧。当列车接近支线时，就打开X前后两车厢上的连接器。即使打开，绳子也连接着，所以前后的车厢不会分离，照样往前走。在支线等待的C

在X前后车厢的边轮踏上交叉点的一瞬间，迅速切换转辙器。这样，x就滑上了支线。而不等X后部车厢的车轮踏上交接点，再把道岔转辙器复位。这样一来，后边的车厢就被粗粗的绳子拉着在干线上行驶。

不久，列车接近纽贝里车站，速度减慢，被绳子拉着的后边车厢因为惯性会赶上前边车厢。这时，罪犯A和B再关上连接器，卸下松弛了的绳子，跳下列车逃走。另一方面，滑入支线的货车X走了一阵后会自动停下，罪犯也就可以轻而易举地将装在上面的名画全部盗走。

风味料理之谜

答案：原来厨师长拿的是鲭河豚的头，即被害人所吃的是鲭河豚。

一般能够做菜的河豚有虎河豚、里河豚、纯河豚以及鲭河豚四种，其中味道最好的还是虎河豚。河豚因为种类的不同，能食用的部位也不同。如虎河豚，只能食用身体、皮和蛋白，肠胃、肝、肺、鱼子等内脏是禁食的，并且要扔到指定的场所。

河豚的毒素有麻痹神经的作用，其毒性相当于氰酸钾的数百倍。但鲭河豚的内脏却无毒，即使食用1公斤也平安无事。这个案件正像厨师长所说的那样，是一起进餐的某个同伴将河豚毒偷偷地投入酱油碟子里毒死被害人的，因这种毒极易溶于水。

尸体上的蚂蚁

答案： 扔在尸体旁的空瓶贴的是人造糖精的商标，蚂蚁是不吃人造糖精的。因为罪犯使用的凶器汽水瓶，装的是用白糖或果糖一类天然糖料制造的汽水，所以没有糖分的罩衫才会聚集了很多蚂蚁。

奇怪的自杀

答案： 门上的胶布在撞门前就被开封了。

罪犯让洋子服用了安眠药睡下之后，用胶布将门窗的缝都封上，再将煤气阀门拧开，制造洋子用煤气自杀的假象。但是，自己在出门时无论如何要破坏门缝上的胶布。大约两个小时之后，他又装作若无其事的样子叩开了管理员大久保的房门，请他一道去看看洋子的房间。带着大久保来到洋子房前的罪犯，用身体将门撞开，仿佛让大久保确信门上的胶布是此刻刚刚被弄开的。当然，门上贴没贴胶布虽不知道，但拉着架子给人看的样子，起码说明罪犯的气

数已尽。正是他的这一行动，引起了大久保的怀疑。

很显然，制造骗局的罪犯就是柏木，其为结束与洋子的不正常关系而杀了洋子。

车厢的乘客

答案： 遗留物中没有车票和卧铺票就是证据。如果是在深夜就穿着睡衣被绑架了，或者在车站被车丢下了，那么，照理车票会留在西服的口袋里的。由此看来，此人一定是在车厢中准备了另一套衣服，换上后，拿着睡衣在中途站悄悄下车躲起来了。

音乐家之死

答案： 罪犯趁被害人外出家里没人时，悄悄地溜进屋里，往火药里掺上氨溶液和碘的混合物。如果在氨溶液里掺入碘，在潮湿的状态时是安全无害的。但一干燥其敏感度甚于TNT炸药，哪怕是高音量的震动也会产生爆炸。

所以，被害人在用小号吹奏高音曲调的一刹那，其声音震动了烧杯里的炸药引起了爆炸。

列车杀人事件

答案： 罪犯先用安眠药使妻子睡

着，再把熟睡的妻子弄到铁轨上，然后赶紧折回 R 车站方向，把人形模特放在这一带的铁轨上。当特快列车压上人形模特紧急停车时，他又趁乱上车。这样一来，当火车接着真的压死人时，罪犯已在列车上了，所以有了不在作案现场的证明。

盛开的花

答案：被害人的哥哥发现妹妹尸体所在山冈的草地里野草丛生，并盛开着黄色小花，因此对妹妹的所谓自杀产生了怀疑。因妹妹患有花粉过敏症，特别是猪草花的花粉更易引起过敏。如果来到开有猪草花的草地里，就会马上连续不断的打喷嚏，涕流不止。所以，她绝不会特意选择这种场所自杀的。

罪犯杰克逊搬进这所公寓结识她是今年年初。当时，北国的加拿大还是冰雪覆盖的季节，她并不会为花粉过敏而苦恼，即使到春天或夏天时，她也很少外出，这样杰克逊就不可能知道她患有花粉过敏症。因此，杰克逊毒死她后便粗心地将尸体转移到杂草丛生，盛开着野花的山冈上来。这是罪犯的失误。

神秘杀人案

答案：椰蟹是体重 1.5 公斤左右的大型甲壳类陆生寄居蟹，生长在冲绳、台湾及南洋诸岛。白天钻进海岸的洞穴内，几乎不出来，而在夜里活动。因此，绝不会发生大白天被害人在椰树下睡觉而椰蟹爬到椰树上把椰子剪掉的事情。那么，即使在夜里，椰子的果蒂是坚硬的纤维物，尽管椰蟹的前爪再大（25公分左右），也是不具备剪断椰蒂的力量。充其量不过是爬到树上咬嫩芽啦，啃吃落在地上摔裂开的椰子果肉罢了。

罪犯不但不了解椰蟹夜间出来活动的习性，而且盲目相信了椰蟹的大剪子可以剪断椰蒂，把椰子从树上剪落下来的传说，才伪装了这样的现场。

窃贼

答案：寺内说电视机的图像一次也没出现雪花点儿干扰，这句话就是证据。他说在自己房里看电视时，有直升机在公寓上方盘旋，那么，即使是新电视，由于电波干扰，图像照样会闪动的。

湖上的小舟

答案：小舟底部粘着海螺。海螺是在大海的海水中生存的一种贝类足节动物，淡水湖里绝不会有这种海螺粘在船底。所以，刑警知道装尸体的小舟肯定原来是在海里，后来被运到湖里的。

死亡的真相

答案：第一，荒川管理员知道未原星期日上午要搬家，同时他自己本身从星期六下午至星期天都不在宿舍，因此在星期六上午，便通知煤气公司，停止向两人的房间供气。那么，在没有输送煤气的房间，不可能发生煤气中毒的事件。

第二，将煤气开关关掉的行为显然是故作姿态，不是凶手绝不会这么做的。同时南谷具有杀人动机。

第三，其方法如下：南谷昨晚在未原家的酒宴上故意将装满水的茶壶掀开盖放在煤气上，造成未原熟睡后，茶壶水受热溢出，浇灭煤气火，而使煤气溢出的假相。此后趁未原熟睡时，南谷利用煤气管将煤气顺气窗塞入未原房间，毒死了未原。第二天，他装作自己发现未原的死而冲进房间，只需在煤气开关上触摸一下，留下指纹，以证明自己的证词即可。

谎言

答案：史密斯从接到电话到伯顿家，这期间至少有40分钟。如果按伯

顿夫人所说她在打电话前就发现窗户是开着的，那么，在寒冷的风雪夜，这么长时间开着窗户，房间里的温度一定会下降。可史密斯刚进伯顿家时，感到屋里很暖和，这一点就说明那窗户并不是一直开着的，而是刚打开不久。

主角

答案：根据陈述中的假设，（1）和（2）中只有一个能适用于实际情况。同样，（3）和（4），（5）和（6），也是两个陈述中只有一个能适用于实际情况。根据陈述中的结论，（1）和（5）不可能都适用于实际情况。同样，（2）和（3），（4）和（6），也是两个陈述不可能都适用于实际情况。因此，要么（1）、（3）和（6）组合在一起适用于实际情况，要么（2）、（4）和（5）组合在一起适用于实际情况。

如果（1）、（3）和（6）适用于实际情况，则根据这些陈述的结论，导演是费伊，一位布莱克家的女歌唱家。于是，根据陈述中的假设，任电影主角的是埃兹拉，一位布莱克家的男歌唱家。

如果（2）、（4）和（5）适用于实际情况，则根据陈述中的结论，导演是亚历克斯，一位怀特家的男舞蹈家。于

是，根据陈述中的假设，任电影主角的是埃兹拉，一位布莱克家的男歌唱家。

因此，无论是哪一种情况，任电影主角的都是埃兹拉。

 雪地上的足迹

答案：往返时因有无扛着尸体，留下的脚印的深浅度不同。扛着尸体时重量增大，所以留在雪地上的脚印就比较深，而返回时是空手而归，脚印就浅。

美术馆的失窃案

答案：东西海岸相距甚远的美国，虽是同一国家但却有4个标准时间。即东部、中部、山岳地带及西部标准时间。

芝加哥与纽约有一个小时的时差。团侦探看了梅姑的手表，发现比纽约时间（东部标准时间）慢一个小时，便知道了她去过芝加哥（中部标准时间）。

梅姑从芝加哥驱车，进入东部标准时间带后，忽略了手表上的时间比纽约的时间慢了一个小时。

 贼喊捉贼

答案：老板看到放在炉火上的水壶，便识别了情人的谎言。

她说昨晚10点左右蒙面歹徒将她手脚捆上。可今天老板来时是中午，就是说炉子上的开水沸腾了约14小时。若果真是这样，炉子上的水壶早就烧干了。

所以，当老板看到炉子上的水还沸腾着时，便识破了她的谎言。

 教练被杀案

答案：因被害人是田径教练，身上总不忘带着计时的跑表。

在被罪犯击中头部摔倒时，碰巧触动了表把，秒表开始计时。因此，当团侦探从尸体的衣服口袋里发现跑表时，指针正指在21分36秒上。

越狱的囚犯

答案：囚犯萨姆每天在铁窗上撒面包渣儿。在监狱外，其妻放出信鸽，信鸽发现面包渣儿，便向萨姆的牢房飞来。

这样反复进行几次，等信鸽记住了单人牢房的位置后，其妻在信鸽腿上绑上线锯，然后放掉信鸽。于是，囚犯萨姆便顺利地搞到了线锯。

鸽子可在监狱的高墙上自由飞进飞出，而且监视墙上的看守也是不会发现鸽子会传递线锯的。

男孩是谁

答案： 偷车人就是滑旱冰的男孩。他是将旱冰鞋绑在自行车前轮下将车骑跑的。

自行车的脚蹬是带动后轮行走的，前轮只是空转，所以即使锁上链，在车轮下绑上旱冰鞋，再蹬脚蹬子也是可以骑走的。

占卜师的死

答案： 嫌疑犯中知道占卜师长相的是其弟隆一。也就是说，对于自己的弟弟，占卜师没必要蒙面。

而占卜师是蒙着面与来人喝咖啡时被毒死的。这就是说，占卜师接待的是一个不能让对方看到自己脸的人。如此说来，凶手只能认为是来求卜的山村。山村由于无力偿还债款，所以盯上了正在走红的占卜师，认定他会存有可观的积蓄。

尸体之谜

答案： 凶手无论怎么怨恨，也不至于做出此等残忍之事。

吝啬的被害人唯恐钱被抢走，一口将钥匙吞到肚里，所以凶手为取出钥匙，不得已才切开他的胃。

被害人死到临头还要护钱，真是十足的守财奴。

暴尸荒野

答案： 凶手从天气预报上得知午后有雨，便在上午将被害人绑在树上，再用一种叫做"龙舌兰"的植物做成的绳子捆在其脖子处。

用此种植物制作的纤维有一种沾水就收缩的特性。所以，由于午后两点下的雨，绳子慢慢收缩勒紧了被害人的脖子，使其最终窒息死亡。

电车

答案： 因为轨道的关系，中国的电车是无法进行超车的！

谁偷了我的房间

答案： 一共有三个人策划捉弄小哈：云柳、柯南、小浩。

云柳骗小哈住在 19 层，其实他是住在 18 层。当然事先带了一本小哈喜欢的杂志，他们把小哈带到 18 层，进房间后，怕小哈发现楼层不对，赶紧要求去喝酒，并把那本杂志再次给他，所以，下楼的时候小哈也未发现楼层不对。等喝醉后，小浩把他送到了 19 楼小浩自己的房间，等小哈出去再回来的时候，由于手上的ID卡是开始的时候的18层的ID卡，所以，打不开任何19层的房间。

一起谋杀案

答案：小田宏二在酒店房间里与张君谈生意失败后，趁着张君去洗手间之际，在他的饮料中加入安眠药。张君饮过饮品后，昏昏欲睡，小田宏二就戴上手套，把张君背往救生梯，然后离开现场，立即乘开往广岛的火车离开东京。一小时后，由于药力消失了，张君想站起来，但不慎一滑，就从救生梯上摔到了泳池旁。与此同时，小田宏二已经逃之夭夭，以制造不在场的证据。

黑色的春天

答案：事件应是意外，并没有人有嫌疑。在密封的小屋内烧起炭炉，一氧化碳就会不断产生，如果没法流通的话，室内的人必会中毒，而此毒气由于无色无味，使人防不胜防。陈同学因取水而出去，总算逃过了灾难。领队是"末日教"信徒，但灾难并非他所为，而是不经意中完成了他"集体自杀"的心愿。所以说，所住的地方如果要生炉火，必须保持空气流通，这是必要的常识。

拉肚子

答案：是在厕所里的手纸上。被害人逃进卫生间后，把手纸拉出几米，用自己的血写下凶手名字的大写字头，然后再把手纸卷好，这样即使凶手拉开卫生间的门，也不必担心那血写的字母被发现了。过后谁用手纸时就会发现血书而报告警察的。警察勘查现场时，没有检查手纸这是个疏忽。

宝石藏在哪儿

答案：冰块应浮在水面。明智侦探看到千面杯子里的冰块有2块沉到杯底，推测一定是藏有钻石。普通冰块一般是浮在水面，而冰块里藏有钻石肯定要沉入杯底，因其比重大于冰块。

嫌疑人

答案：探长并没有说死者是被枪柄击死而不是射杀死的，老二为什么会知道呢？

再不需要侦探了吗

答案：枪在射击后，爆炸的火药微粒会附在衣服袖口和手上，检查这种火药微粒的方法是石蜡试验。

将融解的石蜡液体倒在手和袖口上，石蜡凝固后将其取下，火药微粒就会附着在石蜡上面。

这是一种特殊的科学药物检查方法。

因此，即使有人伪装他杀，将手枪沉入水中，仍然会有火药微粒附在手上，会很快判明是开枪自杀的。

答案：用脚趾夹着信，帮手也用脚趾接过信。

　　本部分为推理游戏的终极阶段，这部分内容的难度明显增大，但是得到的乐趣也是最多的。同时也带给读者一种惊悚神秘的想象快感，激荡联想、触发潜能的全方位的思考模式，将彻底让你的头脑动起来，体验推理的刺激与乐趣。此部分中的游戏是整本书中最为精华的点缀，可使你的推理能力得到全方位的提升，让你成为一个真正的推理达人。

五个海盗

五个海盗抢到了100颗宝石，每一颗都同样大小并且价值连城。他们决定这么分赃：第一步，抽签决定自己的顺序号码（1、2、3、4、5）；第二步，由1号先提出分配方案，然后5个人进行表决，当超过半数的人同意时，按照他的提案进行分配，否则他将被扔入大海喂鲨鱼；第三步，1号死后，再由2号提出分配方案，然后4人进行表决，当超过半数的人同意时，按照他的提案进行分配，否则他将被扔入大海喂鲨鱼；第四步，以此类推。条件：每个海盗都是很聪明的人，都能很理智地判断得失，从而做出选择。

聪明的读者，最后的分配结果如何？

提示：海盗的判断原则为：①保命；②尽量多得宝石；③尽量多地杀人（海盗嘛）。

 说谎岛

在大西洋的"说谎岛"上，住着X、Y两个部落。X部落总是说真话，Y部落总是说假话。

有一天，一个旅游者来到这里迷路了。这时，恰巧遇见一个土著A。

旅游者问："你是哪个部落的人？"

A回答说："我是X部落的人。"

旅游者相信了A的回答，就请他做向导。他们在路途中，看到远处的另一位土著B，旅游者请A去问B是属于哪一个部落的？A回来说："他说他是X部落的人。"

旅游者糊涂了。他问同行的逻辑博士：A是X部落的人，还是Y部落的人呢？逻辑士说：A是X部落的人。

聪明的读者，你知道是为什么吗？

 敲诈者之死

电话铃响时，电视演员浅井美代子正在镜台前化妆。她伸手拿起听筒。

"我跟你说的钱准备好了吗？"

一听见那男人的声音，美代子就不禁打了个寒战。

"嗯……啊……正在设法……"

"那么，今天交货吧。"

"在哪里？"

"光丘车站附近，有栋光丘公寓，请到那所公寓的508号房间来。"

"什么时候来好呢？"

"你什么时候方便？"

"下午1点钟怎么样？"

"OK，我等着你。"对方发出刺耳的笑声，把电话挂断。

美代子一动不动，连听筒都忘了放。她考虑了一阵，狠下决心，从镜台的抽屉里拿出一个胶囊。

"把钱给他，换回自己病历本的副本，但是，他肯定复印了许多份，只有下狠心，悄悄用这毒药……不知有无合适的机会……"

美代子凝视着胶囊中的粉末，这是氰酸钾，数天前，她住在经营药房的姐姐和姐夫家中的时候，从剧毒药架上偷来的。

两年前，美代子曾受到电视台导演的诱惑，怀孕后做了流产手术，不知刚才的敲诈者，用什么手段把她住院时的病历卡搞到手，用其影印件来敲诈她。

电话铃响时，职业网球运动员友田孝一郎正在厕所里，一听见铃响，他慌忙从厕所里跑出来，立即拿起听筒。

"我说的钱准备好了吗？"

一听见那男人的声音，友田一下挺直了身体。

"啊，正在设法……"

"那么，今天把钱交给我吧。"

"在什么地方？"

"光丘车站附近，有栋光丘公寓。在那所公寓的508号房间来。"

"什么时候？"

"下午2点吧，那么，恭候光临了。"

对方发出讨厌的笑声挂断了电话。

友田孝一郎紧握着听筒思考良久，他打定主意后，从桌子抽屉里拿出一个小药瓶。

瓶子里装着氰酸钾，这是友田昨晚在妻子家开设的电镀工厂剧毒柜中偷偷取出来的。瓶盖上密封着玻璃纸。

一天早上发生的事故，使友田至今仍担惊受怕。当时因打了一夜麻将，在回来的路上，他的车把送报纸的中学生撞倒了。清晨，天刚发白，幸而无人看见，友田丢下被撞的学生，开足马力逃跑了。但是，不知敲诈者在哪里看见，并拍下现场照片，以此敲诈他。

电话铃响时，纯情派歌手加藤真由美正在厨房里独自吃早餐，虽然时间已经不早了。

"给你说的钱准备好了吗？"一听到那个男人的声音，真由美全身战栗了一下。

"这个……嗯……"

"今天把钱交给我。"

"在哪儿？"

"光丘车站附近，有栋光丘公寓，请到那所公寓的508号房间来。"

"这个……今天约好驾车出去游玩，所以……"

"喂，你觉得游玩兜风与我的交易，哪个更重要。总之，下午1点到3点之间，随时都可以来，我等着。"

对方威吓着挂断电话。

真由美握着听筒，呆呆地想了一阵，心一横，从柜子的抽屉里拿出一个手帕包着的纸包，纸包里有大约半勺子氰酸钾。

这是两年前她那从事文学的表哥自杀时残留的氰酸钾。真由美对这位表哥怀有爱慕之心。她充满伤感，将这包氰酸钾作为遗物保留下来。

"只要取回副本，就用这包药最后解决问题吧，难以应付今后一次又一次的敲诈呀，不知道自己是否有胆量……"

高中时的偷盗行为，使她悔恨莫及。放暑假时，她到百货公司买东西，忽然像着了魔似的，偷盗香水和化妆品，结果被发现，受了一通教育。不知这个敲诈犯怎么把那时的警察记录搞到手，复制了副本来敲诈她。

翌日（八月五日）的朝刊，刊登了一则消息："采访记者渡边弘一死在××区××街光丘公寓508号房间。"

死者被这所公寓的房主上坂正治先生发现。上坂先生说他三天前外出旅行，外出期间，他的友人也就是被害者，找他借了这间房。

死因是氰酸钾中毒。死亡时间推断为昨天下午1时至3时之间，桌上杯子里装有未喝完的果汁，果汁掺有氰酸钾。

房间里装有空调设备，冷气机开着，不知什么原因窗户也开着。室内被人翻动过，因此警察认为是他杀，并已开始侦查。

当天下午，从1点半到2点半，这所公寓一带曾停电1个小时左右。因卡车司机疲劳驾驶，撞上电线杆，将电线切断。

浅井美代子读了这则消息后暗想："我从公寓回来时，乘电梯刚好下到一楼停了电，多亏时机好，如果晚一步，正好被关在电梯中，千钧一发的时候运气不错，顺顺当当地办完那件事，那男人死了，真痛快呀。"

友田孝一郎也读了那则消息："哼，活该，这样就清净了。不过，当时没注意正在停电，我怕遇见人麻烦，因此没乘电梯，从楼梯上去的，可偏偏在楼梯遇见了两位主妇，运气不好啊。不过，我戴着太阳镜，倒不用担心，508房间不是那家伙的住房，这倒挺意外。"

加藤真由美也把那则消息反复读了几遍。"去时在公寓附近的道路上，停着两辆巡逻车，我以为发生了什么事，有些紧张，原来是卡车事故造成停电。幸亏是白天停电，要在晚上停电就糟了。进公寓时，那些看热闹的人都盯着我看，不过我化了装，戴着太阳眼镜和假发，不用担心有人认识我的相貌，不过，万一刑警打探到我来这里了，怎么办呢？……啊，不要紧，没有证据表明我去了那间屋……总之，那个男人死了，不会有人玷污纯情歌手的名声了。"

聪明的读者，用氰酸钾毒杀敲诈者的罪犯，是三人中哪位？为什么？

画家

"你要多少钱都可以，只希望你替我暗中调查内人的私生活是不是有问题。"吴治顺摆动着肥胖的身躯跟在李皓身后哀求着。李皓因为经济上周转不便，别人又催着他还钱，实在无心调查这件外遇。

"你心中有没有怀疑的对象？"

"有，一个叫唐镇山的画家！"他回答。

"既然有，又何必叫我去调查呢？"

"因为没有证据啊！"他狠狠地在李皓的桌面上捶了一拳。

李皓没办法，只好答应。

他马上从口袋里掏出一张照片，这是一位十分美丽的女人，他腼腆地说："这是我的内人江晓婷。"

"哦，很漂亮！"李皓回答，这是典型的老夫少妻。

"我平时工作忙碌，她说想要学绘画，我就送她去唐镇山那儿学画！"

"唐镇山能有今天，还不是靠我的帮忙，没想到他居然忘恩负义！"他生气地说。

"你太太曾向你提起过吗？"

"不，她什么都没说，所以我要证实这件事。"

"在哪儿学画？"

"忠孝东路的帝豪大厦，我太太肯定在那里。"

随后，李皓对唐镇山做了一番仔细调查。原来他绘画造诣很高，目前仍然未婚。

李皓趁唐镇山外出时潜入他的公寓，小心翼翼地装好窃听器，正好隔壁房间没人住，所以李皓就租下来，以方便窃听，这些花费当然都由吴治顺负担。

在窃听中李皓发现，有一个叫宋哲平的人和他常起冲突，原来是为了受奖的事，一度还差点造成流血事件，这些对话，李皓都做了录音。

关于唐镇山和江晓婷之间的对话，

李皓更是仔细听，可以证明他们的确有亲密的关系，只是，唐镇山并非真心爱她，李皓将录音放给吴治顺听，他气得暴跳如雷，李皓真担心他会做出什么傻事！

又过了一个月，李皓担心的事真的发生了：唐镇山夜里被人刺杀身亡。李皓的录音机忘了按下开关，可惜，没有录到任何线索。

侦探张矶川认为能够进入屋子的一定是熟人，所以吴治顺、江晓婷、宋哲平三人都涉嫌，同时在尸体旁，找到了吴治顺的打火机，所以，张侦探肯定凶手就是他！

"不是他！"李皓对得意洋洋的张侦探提出抗议！

"你连录音机都忘了开，又怎么知道不是他！"侦探张嘲笑地盯着李皓。

"无论如何，我已经知道是谁了！"作为私家侦探，李皓从来认为自己不比他们差，所以李皓不服输地回答。

聪明的读者，你知道是为什么吗？

谋杀案

艾丽斯、艾丽斯的丈夫、他们的儿子、他们的女儿，还有艾丽斯的哥哥，卷入一桩谋杀案。这五人中的一人杀了其余四人中的一人。这五人的有关情况是：

（1）在谋杀发生时，有一男一女两人正在一家酒吧里。

（2）在谋杀发生时，凶手和被害者两人正在一个海滩上。

（3）在谋杀发生时，两个子女中的一个正一人独处。

（4）在谋杀发生时，艾丽斯和她的丈夫不在一起。

（5）被害者的孪生同胞是无罪的。

（6）凶手比被害者年轻。

聪明的读者，这五人之中，谁是被害者？

白马王子

玛丽心目中的白马王子是高个子、黑皮肤、相貌英俊的。她认识亚历克、比尔、卡尔、戴夫四位男士，其中只有一位符合她的全部条件。

（1）四位男士中，只有三个是高个子，只有两人是黑皮肤？只有一个相貌英俊。

（2）每位男士都至少符合一个条件。

（3）亚历克和比尔肤色相同。

（4）比尔和卡尔身高相同。

（5）卡尔和戴夫并非都是高个子。

聪明的读者，谁符合玛丽要求的全

部条件？

面具

一位十分富有的银行家，在一起车祸中被严重毁容，他的太太和儿子也都死于那场车祸中。现在他身边的亲人只有他的弟弟和贪图钱财的情人了。他那可怕的容貌令人打战，他不得不戴上假面具，但回到家里的时候，他是从来不戴的。而且，只要没外人在，他会立即把令人生厌的假面具拿下来。

有一天，这位银行家被人杀死在自己的高级轿车里，脸上戴着面具，手依旧握着方向盘。经警方调查，嫌疑犯有三个，此外别无他人。其一为他的情人，因为这位情人早想摆脱他那可怕的容貌，只是迫于他的势力和贪图他的钱财；其二为他的弟弟，他的弟弟因赌博欠了很多外债，急于继承他的遗产；其三为他的助理，因为最近这名助理被他发现挪用了巨额公款，他打算向法院起诉。

聪明的读者，情人、兄弟还是助手——谁杀了银行家？

床下的秘密地道

朱晓明送画到蒋先生的寓所，他惊讶地发现大门是开着的，就在他走进大厅时，突然听见寝室里传来阵阵痛苦的呻吟声，他闯入室内一看，不由得大吃一惊，原来有一个警察负伤倒在地上，环顾四周却没有发现蒋先生的踪影。

看到这种景象，朱晓明手足无措地站在那儿，负伤的警察忍痛发出微弱的声音："秘密……地道……逃……走了……"说着，用手指向床下。朱晓明发现床下有一块板子，大概人就是从这儿逃走的吧。

"掀……板……开关……米……勒……"

警察说到这儿就断气了。朱晓明钻到床下，想要掀开板子，但是使尽力气，就是打不开。

"开关……米勒……他是否说开关设在米勒那幅画的后面？"这幅米勒的"播种者"复制品是朱晓明上次送来的；他走到钢琴旁，把图画拿下来，看着粉刷的雪白的墙壁，左看右看，就是找不到开关。

好胜心强的朱晓明，为了寻找秘密地道的开关，根本就忘了通知警察这件事。

"秘密地道的开关，究竟是装在哪儿呢？"

在他焦虑、烦躁的时候，他突然灵机一动："啊哈！原来就是在这儿。"

这个秘密地道，直通后巷的下水道，凶手大概是顺着下水道逃得无影无踪的。

聪明的读者，16岁的朱晓明，到底是在哪儿找到了这秘密地道的开关呢？你能解开这个谜团吗？

 旅馆幽灵

皇家大旅馆经理贝克斯刚要下班回家，襄理苏顿匆匆走进他的办公室，向他汇报说："刚接警方通知，'旅馆幽灵'已经来到本市，也可能住进我们的旅馆，让我们提高警惕。"贝克斯一惊："这位幽灵有什么特征？"苏顿说："据国际刑警组织掌握的材料是这样的：他身高在1米62到1米68之间；惯用的伎俩是不付账突然失踪，紧跟着会有旅客因大量钱财失窃而报案；经常化名和化装。"

贝克斯摇摇头，说："够吓人的！我们怎么办？如果窃贼真的住在我们旅馆里的话，你要多加防范。昨天电影明星格兰包了一个大套间，她戴了那么多钻戒，肯定会是个目标。大后天早晨还有8位阿拉伯酋长来住宿，你派人日夜监视，千万别出差错。""是的，我已经采取了措施。根据国际刑警组织提供的报告，我们旅馆有4个单身旅客，身高都在1米62到1米68之间。第一个是从耶路撒冷来的斯坦纳先生，经营水果生意；第二个是从伦敦来的勃兰克先生，行踪有些诡秘；第三个是从科隆来的企业家比尔曼；第四个是从里斯本来的曼纽尔，身份不明。""这么说，其中每个人都有可能是旅馆幽灵？""可能，但您放心，我一定不让窃贼在这儿得手。"襄理苏顿胸有成竹地答道。

过了两天，第三天上午，8位阿拉伯酋长住进旅馆。苏顿在离服务台不远的地方执勤，暗中观察来往旅客。只见斯坦纳先生从楼上走到大厅口，在沙发上坐下，取出放大镜，照旧读他从耶路撒冷带来的《希伯来日报》。10点，勃兰克和曼纽尔相继离开了旅馆。到了10点10分，电影明星格兰小姐发现她的手镯、珠宝都不见了。

苏顿顿时紧张起来，一边向警察局报案，一边在思考谁是窃贼。这时，他又把眼光落在斯坦纳身上。斯坦纳好像根本不知发生了什么事，仍正襟危坐，聚精会神地借助放大镜看他的报纸，从左到右一行一行往下移。突然，苏顿眼睛一亮，忙把斯坦纳请到了保卫部门。一审讯，果然是斯坦纳作的案。

聪明的读者，苏顿是怎样看出斯坦纳的破绽的？

 **不速之客**

海尔丁在一家旅馆住了下来。洗完澡，他给服务员打了个电话，请他们给他送份华盛顿邮报和一杯咖啡来。不一会儿，就有人来敲门。

"噢，真快。请等一下。"海尔丁过去开了门。

"早上好，先生。这是你的早餐。"一位服务员站在门口。

"可我没要早餐呀。"海尔丁说，"你大概弄错了。我只要了一杯咖啡。这儿是 321 号房间。"

"噢，对不起，应该是 327 号。打扰了，真对不起。"服务员关上门走了。

不一会儿，又是敲门声。

"请进！"海尔丁想："这回该是我的咖啡来了。"

一个男人走了进来："噢，你在这儿干什么？"

"什么？"海尔丁惊讶而且有些气愤，"你怎么在我房间里这样说话？你是谁？"

那个男人也不甘示弱："你在我房间里干什么？你怎么进来的？"

"这是我的房间。"海尔丁说道，"321 号。"

"321 号？"那男的看了看门牌，

"天哪，我真的不知道该说什么好，我弄错了，真抱歉。"

"没关系。"海尔丁等他出去，关上了门。

又有人敲门。

"请进！"

进来的是个女服务员，说道："早上好，先生。这是你要的咖啡和报纸。"正在这时，只听门外有人在喊："我的钻石项链丢了！"海尔丁顿了一顿，马上冲出门去，大叫："快，抓住那个人！"

聪明的读者，他要抓谁？为什么？

 间谍

一列国际列车上的某节车厢内，有A、B、C、D四名不同国籍的旅客，他们身穿不同颜色的大衣，坐在同一张桌子上的对面，其中两人是靠窗坐，另两人是挨着过道坐。现在已经知道，他们中有一名身穿蓝色大衣的旅客是个国际间谍，并且又知道：

（1）英国旅客坐在B先生的左侧。

（2）A先生穿褐色大衣。

（3）穿黑色大衣者坐在德国旅客的右侧。

（4）D先生的对面坐着美国旅客。

（5）俄国旅客身穿灰色大衣。

（6）英国旅客把头转向左边，望着窗外。

聪明的读者，谁是穿蓝色大衣的间谍？

 珠宝失窃案

海尔丁博士应爱默生小姐之邀参加了她的家庭聚会，实际上他是来保护她的。据说，一个星期来，爱默生小姐几次接到要杀她的恐吓电话。

爱默生小姐家所有的门都上了锁。

客人中最可疑的人是比夫。他以前是马戏团里爬竿的，今晚他不停地大口大口地喝酒，眼睛盯着爱默生小姐不放。

午夜时，聚会散了，客人们各自到为自己安排好的房间休息。突然，海尔丁听到爱默生小姐的尖叫声，紧接着是两声枪响。海尔丁赶忙奔进楼上爱默生小姐的卧室。

"珠宝，我的珠宝首饰丢了，那贼想杀死我。"

"你看清是谁了吗？"

"没有，我没看见任何人，这一切来得太突然了。我晕了过去，当我醒来时，我的珠宝不见了。"

"你的门上了锁没有？"

"是的。你来的时候，是我开的门。门是锁着的，那人想必是从窗口爬进来的。"

"不可能，"海尔丁拉开窗帘，"从这儿到地面有 15 英尺高呢，又那么陡、那么滑。"

但海尔丁还是来到楼下。有人在拿着电筒乱晃，是看门人。

"找到梯子印没有？"海尔丁问。

"没有。只有一些脚印，还有一个坑，直径和我的手腕差不多，有几英尺深，正对着上面的窗子。"

"我想你已经找到证据了。"海尔丁说。

聪明的读者，海尔丁心里怀疑谁？

 奇怪的脚印

一个雨过天晴的夜晚，在 A 公园的运动场中心躺着一具穿木屐的尸体，死者的颈部插着一把小刀；潮湿的运动场上，明显地留有被害者的木屐和一个小个子女人的高跟鞋的脚印。可令人大惑不解的是：死者木屐的脚印是从东侧一个化学研究所的值班室里来到运动场中心的；而那个高跟鞋的脚印，是从公园南侧的大门进来的，可是在尸体处，高跟鞋的脚印就完全消失了。

和山田警长同来的年轻警官觉得非常奇怪：怎么会没有留下凶手逃跑的脚

印呢？山田警长一言不发，带着助手仔细查看现场。

死者的身份很快调查清楚了，是化学研究所的技师山本幸男，那天夜里轮到他值班。穿高跟鞋的小个子女人叫黑川美和子，他俩正在热恋中。但据掌握的情况看，死者最近突然和别的女子结婚了，美和子很可能就起了杀心。

山田警长很快传讯了黑川美和子："昨天晚上，你是不是到化工研究所值班室找山本幸男？"

黑川美和子点点头，说："是的，我在8点左右就回来了，那时天还下着雨呢，难道你们怀疑我吗？"

山田警长眼睛紧紧盯住黑川美和子，说："是的，现场上高跟鞋的脚印和你的完全一样。"

美和子一听，用嘲讽的口气说："就算是我，那我是怎么从运动场上没有留下脚印就逃走呢？正像你看见的那样，我也有两只脚，又不是幽灵。"

山田警长嘿嘿一笑，说："怎么，你对自己的诡计还很自信？你要是不坦白的话，那我就说给你听！"山田警长一边审视着黑川美和子，一边推理。很快，黑川美和子脸色变得苍白，再也不吱声了。

聪明的读者，黑川美和子是用什么

花招掩盖了她的脚印呢？

 秘密被盗

段五郎接到研究所所长小岛博士的电话，说他刚接到一个恐吓电话，要他把一份绝密文件交出来，否则就要他的老命。小岛博士没有办法，只好向段五郎求救，请他晚上8点到他家，再详细谈谈情况。

晚上8时，段五郎准时赶到了小岛家里，按了门铃，却不见有人来开门，他见房间里的灯亮着，无意之中拧了一下把手，发现门竟是开着的。段五郎冲进屋里一看，只见小岛博士昏倒在沙发下面，旁边扔着一块散发着麻醉药味的手帕。

这时，只见小岛博士慢慢地睁开了蒙眬的双眼，本能地摸了摸自己的衣服口袋，失声地叫了起来："完了，那份绝密文件被人抢走了！"

段五郎一听，忙问："是什么人？什么时候？"

小岛看了看手表，说："大概30分钟前，我一边看电视一边吃苹果，听到门铃响了，我以为是您来了。不料一开门，我被两个男人用枪顶了回来，开口就向我要这份密件，我佯装不知，他们立即用手帕堵住我的嘴和鼻子，以后我就什么也不知道了。"

果然，小岛咬过一半的苹果正滚在电视机下面，电视机电源已断了。段五郎从电视机下面捡起了那只苹果，瞧了一眼，说："博士，是你自己卖给他们的吧！"

小岛一听，大吃一惊，神色茫然地说："我？岂有此理！"

"博士，你别演戏了，罪犯就是你自己！"段五郎冷冷地瞧了小岛一眼，把手中的东西扔在他面前。

小岛一看，脸色变得灰白，无可奈何地把藏在冰箱里的大包美金交了出来。

聪明的读者，段五郎是怎样识破小岛的假相的呢？

 冠军的秘密

海尔丁博士一次在美国南部旅游时，来到一个村庄。当时村民们正在庆祝丰收，再过一会儿，庆祝活动就要进入高潮，那就是激动人心的26英里长跑比赛。可是不知为什么，海尔丁发现人们的脸色都那么阴沉沉的，似乎不太高兴。于是他找到了负责这次比赛的唯一一名裁判，询问原因。

裁判说道："这个村子每年都举行一次长跑比赛，冠军可获一千美元的奖金。老村长死后，他的儿子当了头儿。他让他自己的儿子乔安参加比赛。从那以后，乔安每年都拿冠军，一千美元的奖金也总是落到了他的手中。村长给长跑定了新规矩：运动员不是一起出发，而是每隔五分钟起跑一个，跑进那边的森林，在那儿转个圈，然后再跑出森林，回到原先的起跑线上。而乔安总是第一个跑，我肯定乔安只是跑进森林后就躲在里面，等到差不多的时候再跑出来而已。你知道，这场比赛就我一个裁判，我是从另一个村子被喊来的。我不怕这儿的村长，我想揭穿乔安的把戏，但没人帮我的忙。这儿的村民敢怒不敢言。村长命令不许任何人跟在运动员后面。而且，如果村民们不参加长跑比赛，村长就威胁说要增加捐税。"

听完裁判一席话，海尔丁说道："你没必要请谁来帮忙。你只需要一卷皮尺，就足够揭穿他的诡计。"

裁判听从了海尔丁的建议，果然揭穿了村长的真面目。

聪明的读者，海尔丁是怎样揭穿村长诡计的？

 真假新娘

西德珠宝商康拉德·布朗斯上星期在他的旅馆房间里被杀了。他的一大笔遗产将转入他的到美国来之前刚刚悄悄结婚的新娘子手中。

据布朗斯在美国的一个朋友说，布朗斯和他的新娘子在德国按德国风俗举行婚礼之后，布朗斯只身先到了美国，而他的新娘将在一星期后抵达纽约，和他相会。除了知道这个新娘是个钢琴教师外，别的都不清楚。

现在新娘子来了——不是一个，而是两个！她们都有一切必要的证明，表明自己是布朗斯的新娘，而且对布朗斯也都很了解。那么，两个人中谁真谁假呢？

在布朗斯先生那位美国朋友家里，海尔丁见到了那两位新娘，一位肤色白皙，满头金发，另一位肤色浅黑，两人都很丰满结实，三十来岁，很漂亮。

海尔丁见那位金发新娘右手上那枚戒指箍得很深，手指上出现了一条红遣道，而那位肤色浅黑的女士两只手上几乎戴满了戒指。

海尔丁沉思片刻，向两位女士欠了欠身："你们能为我弹一首曲子吗？"

浅黑肤色的新娘马上弹起了一首肖邦的小夜曲。只见她的手指在琴键上灵巧地舞动着，海尔丁发现她左手上有三枚蓝宝石戒指和一枚结婚戒指，右手上套了三枚大小不同的钻石戒指。

她演奏完后，金发新娘接着也弹了这首肖邦的小夜曲，虽然地弹的和前一位一样优美动听，但她右手上仅有的那枚不起眼的结婚戒指却使地远为逊色。

海尔丁听完两位女士的演奏，微微一笑，对其中的一位说："现在请你说一说，你为什么要冒充布朗斯先生的新娘？"

聪明的读者，海尔丁这句话是问谁？

 破绽在哪里

有一天，亨利探长到郊外去度假。

忽然，他听到有枪声。于是他顺着枪声追了过去。

还好，死的是梅花鹿而不是人，真是不幸中的大幸，但是杀国家的保护动物也是犯法的。

不远处有一个人走了过来，这个人穿了一身牛仔，带了一个帽子，抽着香烟……

亨利探长问他："嗨，老兄你看见是谁开枪杀死了这只鹿了吗？"

"哦，我看见一个大约30多岁的人朝北边跑了，他带着枪。我真为这只可爱的小鹿表示难过，我听到了它的哀鸣之后，马上赶了过来，但是还是落在了枪声的后面。"

"我更为你的卑鄙行为和愚蠢的谎言感到遗憾，举起手来。"亨利探长拔出了枪。

聪明的读者，请问亨利是怎么知道他在撒谎的，破绽在哪里？

 箱子失踪之谜

一天，山田警长来到段五郎的事务所里，向段五郎请教一个棘手的难题。

案件发生在昨天晚上。住在江町附近的一个名叫利兵卫的富商，他的仓库里放有10只装有珍贵古董的箱子，可是今天一早他查看仓库时，发现少了1只箱子，只剩下了9只。据他所称，这个仓库的钥匙由他一人把持，而且整天挂在贴身脖子上，不可能有人动过。现场也已调查过了，那是个封闭式的小屋，只是在屋顶上开了一个小天窗，窗上安装着拇指粗的铁栅栏。虽然铁栅栏已掉了两根，但上面有三只大蜘蛛织满了丝网，一点空隙也没有，就是小偷变成苍蝇也钻不进去。

段五郎听到这里，点点头问："蜘蛛网破了没有？"

山田警长摇摇头说："就是网没有破，我才大伤脑筋呢！"

"噢，有没有调查，除了利兵卫外，还有谁知道仓库里有古董箱子？"

山田警长奇怪地瞧了一眼段五郎，说："问了，是个叫伊平的利兵卫的外孙，因他是赌棍，早已被利兵卫赶了出去。这跟他有啥关系，他可进不去呀！"

"不，就是他偷的！"

果然，不一会儿，山田警长打来电话，兴奋地告诉段五郎，是伊平偷的，在他家里找到了那个失窃的箱子。

聪明的读者，伊平是怎样进去的？段五郎又是根据什么来断定伊平是小偷的呢？

 伪钞票

凌晨1点45分，比尔旅馆早已客满了，所有旅客都已入睡。夜班服务员克鲁伯见离下班还有5个小时，就先把账目结算好。等他把账目结清，准备把抽屉里的731马克现金一张一张叠整齐时，突然，他瞪大眼睛，把手里的一张钞票看了又看。原来这张100马克钞票的纸面颜色比其他四张深。难道是假钞票？想到这里，他忙拿起电话向警方报案。

闻讯赶来的霍尔探长来到服务台，克鲁伯把5张100马克的纸币铺在账台上。霍尔拿起那张颜色较深的钞票，点点头说："这与柏林冒出来的那张是一样的，是用荷兰的设备伪造的。"随后他问克鲁伯，"你是否还记得是谁把它给你的？哪怕一点印象也行。"

"我没留心。"克鲁伯皱着眉头回忆着，"不过我值班时，除了14马克是卖晚报、邮票、明信片之类各种零星物品收进的，其余的现金收自三位旅客，他们准备乘早晨5点的火车，所以提早把账结清了。考纳先生付了124马克，鲍克利斯先生付了219马克，斯特劳斯先生付了374马克。"

霍尔探长沉思片刻，又问："你能肯定三位旅客结账时，都付给过你100马克票面的钞票？"克鲁伯肯定地答道："请放心，凡涉及钱，我的记性特别好。考纳先生给我一张100马克票面的钞票和24马克的零票。鲍克利斯先生给我二张100马克票面钞票加19马克零票。斯特劳斯先生给我三张100马克票面钞票以及74马克零票。"

霍尔探长听完克鲁伯的话，手指着账本说："这位先生住几号房间？"克鲁伯一看，忙转头把目光射向探长，"你能肯定？"探长点点头说："肯定是他！"

很快，探长拘留了那位客人，审讯的结果果然是他。

聪明的读者，霍尔探长判断的依据是什么？

一个悲剧故事

这是发生在大海上的一个悲剧故事。

1988年，在法国海滨的一座小城里，学生们都放暑假了。年轻的历史教师米切尔，查到一份资料，说离他们不远的一座小岛上藏着一批珍宝，是第二次世界大战期间德军留下的。于是，他约了体育教师斯科特一块儿去寻宝。

他们准备了一艘机帆船，带了一些水和干粮就出发了。他们本以为路途不远，一两天就回来。不料，他们在海上迷失了方向，又遇上风暴。他们在海上漂流了五天，干粮吃光，水也喝得只剩下半水壶了。这半水壶水被斯科特抱着，不让米切尔喝一口。

米切尔实在渴极了，央求道："给我喝点水吧！"

"不行！"斯科特用力一推，将米切尔推倒在甲板上。他自己举起水壶，连喝了几口。

米切尔惊恐地看着斯科特，感到很可怕。小艇随波逐流。此时，米切尔只觉得嗓子快要冒烟了，他又哀求道："斯科特，给我喝点水吧，一口就行！"

斯科特高大结实。此刻，他全力护着水壶。忽然，一个浪头打来，斯科特一个踉跄，双手一松，水壶甩到了米切尔眼前。

米切尔伸手抓住，刚要喝，斯科特冲上来，一把抢住水壶，朝米切尔狠狠一拳。米切尔躲避不及，重重地倒了下去，但水壶仍牢牢地握在手中。斯科特扑上来，朝他的脑门上又是一拳，米切尔两脚一挺，水壶骨碌碌滚进了船舱……

两天后，正在海上搜索的警察巡逻艇，发现了斯科特和机帆船。斯科特说："感谢上帝，你们发现了我！"他划动双桨，向巡逻艇靠拢。

斯科特蹒跚着钻进船舱，随手摘下软檐帽擦擦额头上的汗，露出被晒得满是斑点的秃脑门。率队搜寻他们的探长德里克，一直注视着斯科特的一举一动。他递给斯科特一杯水。斯科特一饮而尽，然后抹抹嘴巴，开始讲述他遭到的不幸，承认他因失手打死了米切尔。

德里克跳上机帆船，仔细查看了米切尔的尸体，问斯科特："你们真的断水五天了吗？你是因为阻止米切尔喝海水而失手将他打死的吗？"

斯科特说："是啊，都怪我啊！"

德里克审视着斯科特，坚定地说："你在说谎！"

这一句话，将斯科特吓呆了，他瘫在甲板上，好半天站不起来。

聪明的读者，你知道究竟破绽在哪里吗？

 失窃的圣经

海尔丁家里的电话铃急促地响了起来。他拿起听筒，里面传来了珍本书收藏家泰德火气冲冲的声音。

"一个家伙把我的一间藏书室门上的铰链取了下来，偷走了一本十六世纪的《圣经》。你能马上来我的住所吗？"泰德显得焦急万分。

半小时后，海尔丁已经站在泰德家二楼那间小小的藏书室里了，被取了铰链的玻璃门躺在地毯上。

"我当时正在楼下看电视。"泰德说，"我去厨房想弄点吃的或者喝点什么，突然看见一个男子冲下楼梯跑出了大门，他就拿着那本《圣经》。我马上追了出去，可在伐恩和大卫公司拐角处，我把他给跟丢了。于是我只好在公共电话亭给你打电话，向你求援。"

他停了一下，说道："藏书室的门是锁着的，我想是电视机的声音盖住了那家伙取下铰链的声音，所以我没及时发现。"

"那本《圣经》保过险没有？"海尔丁问。

"是的，很幸运。"泰德答道，"可是钞票换不来这样一本书啊！"

"那么，我建议你还是把这本书拿出来，放回原处。"海尔丁说，"我对你的话根本不相信。"

聪明的读者，你知道是为什么吗？

 ## 保险柜和酬金

严冬的一天，女盗梅姑应团侦探之邀来到侦探事务所。一进屋，见屋子中间摆着3个新型保险柜，感到有些吃惊。是3个完全一样的保险柜。

"啊，梅姑，你来得正好。都说你是开保险柜的能人，那么请你在10分钟之内，不许用电钻和煤气灯能打开吗？"团侦探问道。

"是在10分钟内打开三个课险柜吗？"

"不，是在10分钟内打开一个保险柜。"

"要是这样的话，没什么问题。"梅姑很自信地说。

"可是，这保险柜里装的什么？"

"里面是空的。"

"唉……"

"实际上，这是一个保险柜生产厂家准备在今春上市的新产品，并计划推出这样的广告宣传词：'连女盗梅姑也望尘莫及'。为慎重起见，保险柜生产厂家特地委托我请你给做一个试验，并且提出无论成功与否，都要用摄像机录下来送还厂方。"

团侦探安装好摄像机的三脚架。梅姑问："还没我打不开的保险柜呢，可如果10分钟内打开了怎么办？"

"可以得到厂家一笔可观的酬金。还是快干吧，我用这个沙漏给你计时。"

团侦探把一个10分钟的沙漏倒放在保险柜上面。梅姑也跟着开始动作。她将听诊器贴在保险柜的密码盘上，慢慢拨动着号码。以便通过微弱的手感找出保险柜密码。

1分钟、2分钟、3分钟……沙漏里的沙子在静静地往下流。

"梅姑小姐，已经9分钟了，还没打开吗？只剩最后1分钟了。""别急嘛，新型保险柜，指尖对它还不熟悉。"

梅姑瞥了一眼沙漏，全神贯注在指尖上，终于找出了密码。因为是6位数的复杂组合，所以颇费些功夫。

"好啦，开了！"梅姑打开保险柜时，沙漏里的沙子还差一点儿就全到下面去了。

"可真不赖，正好在10分钟之内。那么再开第二个吧。不过，号码与方才的可不同啊。"团侦探说着把沙漏倒过来。

第二个保险柜，梅姑也在规定时间打开了。沙漏上边玻璃瓶中的沙子还有好多呢。

"真是个能工巧匠啊，趁着兴头，接着开第三个吧。"

"如果是一样的保险柜。再开几个也是一样。"

"但这3个保险柜都要在规定时间内打开，否则就拿不到酬金。实话告诉你吧，酬金就在第3个保险柜里面。"

"那好，请你把炉火再调旺些，这么冷，手都木了，手感太迟钝。"梅姑说。

团侦探赶紧将煤油炉的火苗往大调了调，并将炉子挪至保险柜前。梅姑将手放在炉火上，烤了烤指尖。

"怎么样，准备好了吗？"

"开始吧。"团侦探将沙漏一倒过来，梅姑就接着开第三个保险柜。

然而，这次沙漏中的沙子都流到了下面，10分钟已过，但保险柜还未打开。

"梅姑小姐，怎么搞的？10分钟已经过了呀。"

"怪了，怎么会打不开呢，可……"梅姑瞥了一眼煤油炉旁的沙漏。

"团侦探，这个保险柜没做什么手脚吧？你肯定是做了手脚。"

梅姑有些焦急，额头沁出了汗珠，可依然聚精会神地开锁。约摸过了一分钟，她终于把保险柜打开了。柜中放着一个装有酬金的信封。

"这就怪了，与前两次都是一样的开法，这次怎么会慢了呢？"她歪着头，感到纳闷儿。忽然，她注意到了什么，"我差一点儿被你蒙骗了，我就是在规定时间内打开的保险柜，酬金该归我了！"

"哈哈哈！还是被你看出来了，真不愧是怪盗哇，还真骗不了你。"团侦探乖乖地将酬金交给了梅姑。

聪明的读者，他是怎样做的手脚呢？

消失的凶器

某日，社长正在楼内接待室午睡，一职业杀手潜入将其打死。像是用30厘米长的棍棒一类东西击中头部致死的。

当杀手正要离去时，警备员及时赶到，当场将其逮捕。但奇怪的是，搜遍了凶手的全身，也未找到凶器。当然，屋里及社长身上也都查过，根本没有什么棍棒之类的东西。而且，这间接待室没有窗户，所以也不能扔到窗外。

聪明的读者，凶手到底用了什么凶器，又将它藏到了何处？

一小时后的射杀

被害人被绑在床上，头部中弹身亡。凶器手枪固定在床头上。扳机被一根长长的绳子拴着。绳子的另一端，绑着一块沉重的石头，通过门框上梁，垂吊在距门槛5厘米高处。

经侦破，虽然捕获了罪犯，可奇怪的是，此人在手枪射击1小时前就已远离现场了。

聪明的读者，他到底是采用什么手段开的枪呢？而且，现场既没有猫、狗等动物，门窗也都上着锁。

看不见的开枪者

在公寓的二楼房间，突然传出了一声枪响。吃惊的管理员赶去看时见门锁着，打不开。用备用钥匙打开门进屋一看，一个女人躺在床上，头部中弹而死。

凶器手枪被用绳子固定在床头上，但不知何故扳击上系着几厘米长的钓鱼线。被害人是在服用了安眠药熟睡时被枪杀的。后经侦破，虽然抓获了罪犯，但奇怪的是，手枪发射时，该犯在距现场约五公里处。

聪明的读者，你知道是为什么吗？

奇怪的血型

某日晚，一个年轻的女子被车撞了。开车人装作送她去医院，将其抬上车，然后逃走。由于被害人已经死亡，所以毫无疑问尸体会在途中什么地方被扔掉。

因是性质恶劣的肇事逃跑事件，警方立案侦查，经检验流落在现场的被害人血型，是O型和A型。

这么说，被撞的被害人有两个人吗？但根据目击者的证言，被害人是一人。而且，肇事司机没擦伤一根毫毛，所以绝非是他的血混到里面了。

聪明的读者，被害人的血型到底是什么呢？

雪夜的伪证

在冬天来得早的北国，某夜，小偷潜入村公所盗走了保险柜中的现金。

当天，下了今年第一场大雪，一直下到后半夜，雪的厚度达30厘米。第二天早上，查明住在村外的一座房子中的单身汉形迹可疑，所以警察便赶去询问："昨天夜里你在哪儿？"

"我外出旅行了两天，这不是，半小时前刚刚回来，我怎么能是罪犯呢？"

对方答说。

然而，警察只是在外面看了一眼房子，马上就看穿了此人的谎言。

聪明的读者，你知道是为什么吗？

抢劫现金运输车

装着3亿日元现钞的现金运输车正在以往的行车路线上行驶，突然一辆轿车从旁边驶了出来，挡在运输车前面不动了，是引擎熄火了。

开车的是个二十四五岁的年轻女子，只见她一个劲儿地拧动钥匙试图发动车子，可就是打不着火。运输车慌忙向后倒车，可后面传来刺耳的鸣笛声。一时间，道路堵塞，喇叭声四起。

约摸7分钟后，那女人的车总算发动着开走了。运输车上的保安人员也如释重负地舒了口气，开动了车子。

到达目的地后，保安人员打开运输车后箱的门锁，欲取下装着3亿日元的保险箱，糟了！装现钞的保险箱不翼而飞，出发时明明装在了车上，看来只能认为是在刚才那7分钟时间里被窃的。

聪明的读者，你知道是为什么吗？

喋血晚会

"哼哼……把你们都杀光！"

为了报复那些曾背叛自己的男人

们，悦子在某日晚举办了个晚会招待他们。桌子上摆着罐装啤酒及可乐，各自选择自己喜欢的饮料。当然，悦子自己也同样喝了。

在这种条件下，悦子终于成功地将除自己以外的所有人都毒死了。

"实际上，所有饮料的瓶口处都涂了毒。"悦子交代说。

聪明的读者，你知道为什么只有悦子生还而其他人都死了吗？

风姿绰约的女盗

女盗梅姑借了一辆半新不旧的敞篷汽车，沿8号高速公路向南飞驰。这条公路横穿一望无垠的荒野，为南北走向。

整个上午天气阴沉沉的，可一过了中午，天高气爽，骄阳似火。不巧，车篷已经坏了，又没戴帽子，这样兜风会被晒黑的。

正为难之际，忽然想出一个好办法。这样，直到傍晚到达目的地时，她一点儿也没被晒着。

那么，梅姑到底是怎样防晒的呢？

顺便说一下，梅姑既没有擦防晒霜，也没乘别的车，直到最后一直开的是自己的车。

聪明的读者，你知道是为什么吗？

巧夺王冠

这是女盗梅姑应邀出席阿拉伯国王的招待会时发生的事情。国王在15米见方的豪华地毯正中放了一顶金光闪闪的王冠。

"那么，女士们，先生们，谁能不上地毯拿到这顶王冠？只能用手，不准用其他任何工具。谁能拿到，就把它作为礼物送给谁。"

话音刚落，人们全都聚在地毯周围争先恐后地伸出手，但谁也够不到。

这时，梅姑微笑着，"好吧，我来试试！"说着，便轻而易举地拿到了王冠。

聪明的读者，她用了什么办法？

头等车厢的惨祸

这是发生在英国支线上的一起奇怪案件。列车员在头等车厢的包厢中发现一名惨死的妇女，她像是被一种顶端锋利的钝器刺中了头部，头盖骨已破碎。毫无疑问是受到了猛烈的一击。手提包里的名贵宝石还在，很显然不是盗窃犯罪。

头等车厢只有被害人一名乘客，据列车员说，没有其他的人出入这节车厢。包厢中的车窗开着，通道的门从里面反锁着。勘查判明被害时间是列车员发现尸体前的二三分钟。当时，列车快

要进站了，冲着车窗的那一侧有条错车线，正停着一列拉家畜的货车。而且附近沿线曾发生火灾，是干草垛失火。根据上述勘查认定，此案系事故死亡。

聪明的读者，你知道真相是什么吗？

特快专递

在那既无汽车、火车、飞机，又无电传、可视电话的时期，邮件只能靠驿站之间马拉松式的长跑传递，人们称其为"飞毛腿"。

从江户（东京）到京都需要十二天的工夫。就如当今的特快专递也需要四天才行。

且说，江户城里有位头脑聪明的密探，所谓的密探就是间谍。这个密探与京都同伙之间联系只需半天，就能将秘密文件从江户送到京都。

聪明的读者，你知道到底使用什么手段，怎么联系得那么神速？

犬证

警察江户来走访调查时，正碰上一个相貌凶恶的家伙从一户人家的庭院后门溜了出来。

"喂，你等一下。"

因其行为可疑，江户向那个人叫了一声，那个人愣了一下便站住了。

"你是盗贼？"

"岂有此理，我是这家的主人。"

那家伙回答时，一只长毛狗从门里跑了出来，并跟在那家伙的脚后嬉闹。

"这只'美丽'是我家的看门狗，所以，你该弄清楚我不是可疑的人了吧。"

说着，那家伙抚摸着小狗的头，小狗向警察表示出敌意，汪汪地叫了起来。

"美丽，不要叫！"

那家伙命令后，小狗变乖了，它突然跑到附近的电灯杆子下面，抬起后腿小便起来。

江户虽然觉得那家伙的回答找不出什么疑问，但当他刚离开几步，他似乎意识到了什么。

"喂，你就是个盗贼。"

江户马上过去，不容分说地将其逮捕。

聪明的读者，什么证据使江户识破了那家伙的真面目？

 猫和手枪

005号间谍被绳子捆在床上，头部中弹身亡。

凶器是一支手枪，枪被捆在床头上，扳机上拴着一条绳子。那条绳子穿过天棚上的房梁木，垂落下来，绳端上系着一块松鱼干，还有一只小猫睡在床下。

可是，当警察调查得知，罪犯早在枪响之前两个小时就远远地离开了现场房间，有不在现场的确切证明。

那么，罪犯究竟是如何开枪射杀了005号间谍的呢？

 密室枪杀案

某夏天的一个夜晚，一所独门独院的别墅里，一个犯罪团伙的头目被枪杀。第二天早晨，尸体被发现了，凶器是一支手枪，它被丢在尸体旁边。

可是，那间发现尸体的房间门是从里面反锁着的。面临狭小的窗户从里面插着插销，并且窗外是很坚固的铁条防盗护栏。

只有窗户的下角玻璃坏了一块，那里已经拉着一张蜘蛛网，连一只苍蝇也别想出入。也就是说那是一个完完全全的密室。

那么，罪犯是如何枪杀了小头目的呢？

 窗栏杆的秘密

古代文物收藏家K氏，听说女盗梅姑正在到处物色各收藏家的收藏品。为防万一，他决定翻修自己的收藏室。这间收藏室是专门收藏珍品的耐火仓库。他委托附近的装修店换了最新式的门锁，换气窗的铁栏杆也重新更换了。

然而，这一切全都是枉费心机。几天后女盗梅姑溜进收藏室，将3幅浮士德珍品盗走。是打碎换气窗的玻璃，拔开插销进屋的。然而，即使可以打碎玻璃，拔开窗户插销，但窗户外还有最近刚刚更换的又粗又结实的铁栏杆，并没有发现铁栏杆有折断或割断后又粘上去的任何痕迹，而且铁栏杆之间的缝隙有10厘米宽，人是无法钻过去的。

那么，女盗梅姑究竟是用什么手段从换气窗钻进室内的呢？

 越狱计划

不慎，女盗梅姑被捕入狱。这个监狱每月要举行一次文艺晚会，以便活跃那些无聊的囚犯的生活。

且说，有一天，来了一个6人爵士乐队，在监狱的操场上开起了音乐会。当演出结束乐团走后，对囚犯进行点名时发现少了1个人。

失踪的人就是梅姑。实际上她是混在乐队里逃脱的。

可是，乐队从正门出去时，在门口要经过门岗的检查。走时和来时一样都是6个人。

聪明的读者，梅姑到底是如何骗过门岗，轻易逃脱的呢？

 食兔中毒案

史密斯在家里举办了一个烤肉晚餐会。同事汤姆带来一只活兔。美食家史密斯非常高兴，马上当场杀了活兔，扒了皮，整个地烤起来。客人见状都感到有些可怕，无人敢吃。

"没有比这肉更鲜了。可是……"

史密斯一个人狼吞虎咽地美食一顿。

然而，几个小时以后，他却突然死去。警察的调查结果是阿托品中毒致死。阿托品是茄科植物中所含的毒素。

因史密斯吃了兔肉，当然汤姆是嫌疑对象。

"我是作为礼品送给他的这只活兔子，是史密斯亲自杀掉做的菜，所以，我不是凶手。"

汤姆辩解说自己是无辜的。

然而，实际上他就是真正的罪犯。

聪明的读者，你知道他是如何投毒的呢？

 奇怪的中毒死亡

一天早晨，小说作家B氏死在自己别墅的车库里。死因是氰酸钾中毒。他是在准备出车库时，吸入剧毒气体致死的。

可是那天早晨既无人接近过车库，

现场也未发现有任何可能产生氰酸钾的药品和容器。

那么，罪犯究竟用了什么手段将B氏毒死的呢？

调查这一奇怪案件的团侦探，发现汽车的一个轮胎气已跑光，被压得扁扁的，马上就识破了作案手段。

聪明的读者，你知道是为什么吗？

斯皮兹狗之死

这是大都市实现了煤气化之后发生的事件。煤气中含有一氧化碳，人吸入体内会中毒死亡。

一天，一个独身生活的妇女在某公寓有六张席大小的和式房间里服了安眠药睡熟后，因煤气中毒被害致死，是因联接煤气管的橡皮管喷出大量煤气所致。

并且，其爱犬斯皮兹狗也一起死亡。不知为什么狗脖子上拴着绳索，身旁还残留着一块细香肠。

推测死亡时间为午夜10点半左右，那个和式房间无论隔扇还是窗户都紧闭着。如果煤气开关打开不到30分钟，就会充满整个房间，足以使人致死。也就是说罪犯在午夜10点左右打开了煤气开关逃走的。

然而，当逮捕了罪犯后，他却提出了从下午8点到第二天早晨，一直在远

离作案现场的地方。这是个很确切的不在现场的证明。

聪明的读者，你知道罪犯使用了什么手段使煤气喷出时间推迟了两个小时之久呢？

奇怪的触电死亡

K社长的趣味与众不同，在自家的客厅里摆放着各种形状的鱼缸，养了多种热带鱼。

一天夜里，趁社长夫妇外出旅行之际，一个盗贼溜了进去，因室内安装了防盗警报，盗贼在进入室内之前先割断了电线。

然而，运气不佳，被一个人在家看家的社长的大学生儿子发现了，盗贼用匕首刺死了社长的儿子，但毕竟是在黑暗中搏斗，不小心将很大的养热带鱼的鱼缸碰翻了，鱼缸掉在地板上摔碎了。就在这一刹那间盗贼也摔倒在地，他慌忙起身时，突然"啊！"的惨叫一声，全身抽搐一阵后死亡。

两个人的尸体第二天被来这家上班的佣人发现。

警察验尸结果，断定盗贼的死因为触电死亡。

"怎么会有这种怪事呢？"刑警们的惊讶也不是没有道理的。

电线被割断了，室内完全是停电状态。鱼缸里的恒温计也停了电，并且现场又无携带式发电机和蓄电池。

判断再出错也不应该触电。

当刑警们迷惑不解之际，正赶上 K 社长旅行归来，一看现场，就指着湿漉漉地躺在地上死去的那条奇形怪状的大鱼说："触电死的原因就是它。"

聪明的读者，究竟是什么原因呢？

体育彩票

王、刘、邓三人购买体育彩票，三个人对自己作了如下的估计：王："我肯定得大奖。"刘："我不可能得大奖。"邓："我至少会得一般奖。"结果三个人中，恰有一人得大奖，一人得一般奖，一人未得任何奖。而且三个人的预言只有一人是对的。

聪明的读者，三人中谁得大奖，谁得一般奖？

停电之夜

昨晚下了一夜大雪，今天早晨气温降到 -5℃。刑警审问某案件的嫌疑犯时，当问到她昨晚 11 点左右有无不在作案现场的证明时，这个独身女人作了如下回答："昨晚 9 点半左右，我那部旧电视机出了毛病，造成短路停了电。

因为我缺乏电的知识，无法自己修理，只好吃了点安眠药便睡了。今天早晨，就是刚才不到 30 分钟之前，就给电工打了电话。对了，他告诉我只要把大门口的电闸合上就有电了，连这么点简单的事儿我也不懂。"

"昨晚下大雪够冷的吧，你点着煤油取暖器就放心地睡了吗？"

"我，我怕睡着了起火，使用了怀炉并抱着小猫星星，哈哈……"

可是，当刑警扫视了整个房间后，便识破了她的谎言。

聪明的读者，到底为什么？请你仔细看看下图进行一下推理试试。

沙漠中的间谍

间谍006号被G国秘密警察逮捕受到审问。

"上个月15号，非洲撒哈拉沙漠的油田发生爆炸，是你干的吧？老实回答！"

"哪儿的话，上个月15号，我在中亚的戈壁沙漠，不信给你看照片，这是我骑着骆驼，穿越戈壁沙漠时，让蒙古导游给我拍的。"

006号拿出一张照片给对方看。

聪明的读者，他不在现场的证明成立吗？

临终遗言之谜

案件一：血书的数字意味着什么？

杀人案件的被害人，在将断气时用尽最后的气力在地板上留下"0131"这几个用血书写的数字。在这组数字中，大概留有凶手的线索。

通过侦查，找到了以下3名嫌疑犯：小尾信也、冲信二、大见善雄。

电话号码、公寓房间号码、出生年月、汽车牌号……刑警调查了可能与"0131"有关的所有情况，均未发现与3人有关的证据。

聪明的读者，这3个人果真都清白吗？（见图A）

A

案件二：6198的推理。

一个正在穿行人行横道的男子，被突如其来的一辆车撞倒。肇事汽车停都没停便逃之夭夭了。被撞人气息奄奄，在被送往医院途中，只说了逃跑汽车的车号是"6198"便断气了。

警察马上通缉了该牌号的车辆，虽然找到了嫌犯，但对方有确切的不在现场的证明，而且车坏了，事发前就已送修理厂去修了。

聪明的读者，罪犯的车牌号不是"6198"吗？（见图B）

B

 麻将杀人案

一天早晨，在单身居住的公寓三楼301室，一位好玩麻将的年轻数学教师被杀。是被啤酒瓶子击中头部致死的。

在其房内有一张麻将桌，地上散落着很多麻将牌，死者死时手里还攥着一张麻将牌。大概是在断气前，想留下凶手的线索而抓住的一张牌。

被害人昨晚同朋友玩麻将，一直玩到夜里11点左右。这就是说凶手是在人都走了后下手的。

通过调查，找到四名嫌疑犯。这四人都与被害人同住在三楼。

聪明的读者，凶手是谁？

河边的照片

十月五日午后，在K河的下游岸边，发现一具打鱼人的尸体。是被匕首刺中后背身亡的：死亡时间推定在当日中午左右。

不久，通过搜查，找到了嫌疑犯。

"五日中午左右，你在河边做什么？"刑警向其询问道："如果是那天的中午，我在K河上游搭帐篷野游哩。这就是当时拍的照片。"说着嫌疑犯拿出一张照片。

K河上游距离作案现场。约有一百公里，所以如果他有在现场的证明，就可排除嫌疑。

可当刑警看了一眼照片后马上就识破了他的谎言。

"这种照片你骗得了谁！这是在河下游拍的。"

聪明的读者，你知道证据是什么吗？

手表指认凶手

暴富起来的商人白先成遇到了很大的麻烦，因为他在发现妻子有外遇后，即雇人将妻子的外遇狠狠地揍了一顿，并将那人的左腿打断了。

正在白先成感到很解气时，他雇用的打手却如丧家之犬般跑来告诉他，那被打的人竟是当地一名黑帮头目的弟弟，已经组织人在追杀他。说完，打手便逃往外地去了。

白先成心想这下闯祸了，因为他知道对方的厉害。于是，他找中间人联系与对方讲和。晚上8时多，两名"客人"来到白先成住宿的某大宾馆客房。岂料大约半小时后，从客房里传出了枪声。服务员连忙跑过来，两名"客人"正奔出客房逃离宾馆，服务员不敢拦他们，便进房查看。只见白先成惊恐万状地瞪着大眼，脖子上中了一枪，血直往外冒，他紧紧抓住服务员的手，只说了一句话："凶手，20时47分。"便倒地

死去。

刑警到达现场后，根据服务员提供的两名"客人"的体貌特征，很快找到了这两名嫌疑人。可是，两名嫌疑人都互相指责是对方杀死了白先成，而在现场捡获的手枪上又没有两人留下的指纹。

于是，刑警检查了两个人不相同的手表，从而认定了凶手，并迫使其招供。

聪明的读者，凶手使用的是什么样的手表呢？

密林深处的血迹

一天下午，在美国加州奥克兰市两名警察的协助下，探长西科尔和助手丹顿小姐于森林公路中段截获了一辆走私微型冲锋枪的卡车。经过一场激烈的搏斗，4名黑社会成员有3人当场被擒获，而此次走私军火的首犯巴尔肯被丹顿小姐的手枪击中左腿肚后逃入密林深处。西科尔探长立即命令两位地方警察押送被擒罪犯前往市警署，自己则带领助手深入密林追捕首犯巴尔肯。进入密林后，两个人沿着点点血迹仔细搜捕。突然，从不远处传来一声沉闷的枪声和一阵忽隐忽现的动物奔跑声。看来，这只动物已经受了伤。果然，当西科尔和

丹顿小姐持枪追赶到一块较宽敞的三岔路口时，一行血迹竟变成了两行近似交叉的血迹左右分道而去。显然，逃犯和动物不在同一道上逃命。怎么办？哪一行是逃犯的血迹呢？丹顿小姐有些懊丧起来。但探长西科尔却用一个简单的方法，便鉴别出了逃犯血迹的去向，最终将其擒获。

聪明的读者，西科尔探长用何法鉴别出逃犯的血迹？

驯马师之死

清晨，海尔丁探长正在看骑手们练习跑马，突然马棚里冲出一个金发女郎，大叫着："快来人哪！杀人啦！"海尔丁急忙奔了过去。只见马棚里一个驯马师打扮的人俯卧在干草堆上，后腰上有一大片血迹，一根锐利的冰锥就扎在他腰上。

"死了大约有8个小时了。"海尔丁自语道，"也就是说谋杀发生在半夜。"

他转过身，看了一眼正捂着脸的那位金发女郎，说："噢，对不起，你袖子上沾的是血迹吗？"那位金发女郎把她那骑装的袖口转过来，只见上面是一长道血印。"咦，"她脸色煞白，"一定是刚才在他身上蹭到的。我叫盖尔·德伏尔，他，他是彼特·墨菲。他为我

驯马。"海尔丁问道："你知道有谁可能杀他吗？""不，"她答道，"除了……也许是鲍勃·福特，彼特欠了他一大笔钱……"

第二天，警官告诉海尔丁说："彼特欠福特确切的数字是15000美元。可是经营渔行的福特发誓说，他已有两天没见过彼特了。另外，盖尔小姐袖口上的血迹经化验是死者的。""我想你一定知道谁是凶手了？"海尔丁问。"罪犯已经在押。"警官答道。

聪明的读者，谁是罪犯呢？

封闭的房间

一天，一位满脸愁云的少女来到私人侦探段五郎的办事处，对段五郎说，在上周二的晚上，她姐姐被煤气灶里跑出来的煤气熏死了。奇怪的是，姐姐的房间不仅窗户关得严严的，连房门上的缝隙也贴上了封条。

来调查的刑警认定：别人是不可能从门外面把封条贴在里面的，这些封条只有她自己才能贴。所以警方认定她姐姐是自杀。可少女说，她了解姐姐的性格，姐姐决不会轻生。这一定是桩凶杀案。

段五郎听了少女的陈述，试探地问道："谁有可能是嫌疑犯呢？"少女

激动地说："姐姐有个恋人，但他最近却与别的女人订了婚。他一定是嫌姐姐碍事，就下了毒手。""这个男人是谁？""他叫冈本，和姐姐住在一个公寓里，出事那天他也在自己的房间里，可他说他什么也不知道。那肯定是谎言！"

于是，段五郎和少女一起来到那幢公寓。这是一幢旧楼，门和门框之间已出现了一条小缝隙。在出事的房门上，还保留着封条。段五郎四下里一瞧，便向公寓管理人员询问案发当夜的情况。

管理人员回忆道："那天深夜，我记得听到一种很低的电动机声音，像是洗衣机或者是吸尘器发出的声音。"段五郎眉头一皱，说："冈本的房间在哪里？"管理人员把段五郎带到冈本的房门前。打开房门，段五郎一眼就看到放在房间过道上的红色吸尘器。他转身对少女说："小姐，你说得对，你姐姐确实是被人杀害的，凶手就是冈本！"

聪明的读者，段五郎是怎样识破冈本的真面目的呢？

🎈 绑票者的真面目

一个深秋的夜晚，洛杉矶市 G 董事长的儿子被绑票了，凶犯开口要 5 万美元赎金。

凶犯在电话里说："旧百元纸币500 张，普通包装，在明天上午邮寄到查尔斯顿市伊丽莎白街 2 号，收件人是西迪·卡塞姆。"凶犯继续威胁说，"假使你事前调查地址或报警，就当心你孩子的生命！"

G 董事长非常惊慌，为了顾全孩子的生命，他只得委托私家侦探鲁·亚查调查。因为事关小孩的生命，亚查也不能轻举妄动。于是，他乔装百科辞典的推销员，到凶犯所说的地址调查，发现城名是真的，而地址和人名却是虚构的。难道凶犯不要赎金吗？绝对不可能。忽然他灵机一动，终于发现了这宗绑票凶犯的真面目。第二天，他捉到了那凶犯，安然救出了被挟持的孩子。

聪明的读者，你能知道凶犯是谁吗？

🎈 骨斑辨尸

"丁零零……"F 镇的警察局局长给艾克斯博士打来电话，请求协助侦破一起无名死尸案。

原来，这具无名尸是在 F 镇旁一口水塘中打捞上来的，尸体已经腐烂，面目无法辨认。当时正值盛夏，警察局局长只好把尸体送到火葬场焚化了，留下的仅有几张照片和简单的验尸记录。随同尸体打捞出来的其他一些物品表明死者大概是本省人。

艾克斯博士经过仔细地观察，注意到这具男尸的骨头上有一些明显的黑色斑块。他问警察局局长："贵省有没有炼铅厂之类的冶炼工厂？"得到肯定的回答后，艾克斯博士果断地说："局长先生，您尽管派人去炼铅厂所在的地区去调查好了。死者生前很可能是那儿的人。"警察局局长按照艾克斯博士的指点，果然在某炼铅厂查到了无名尸的姓名、身份，并以此为线索迅速破了案。受到上级嘉奖的警察局局长十分纳闷，聪明的读者，博士依据什么从骨斑中判断出死者身份的呢？

🎈 话中有话

维特打开了电视机，播音员正在播报一条消息："今天19点左右，在贝姆霍德花园街，一名79岁的老人在遭抢劫后被枪杀。"据目击者说，凶手穿绿色西装。请知情者速与警察局联系。

花园街正好是维特住的这条街。她感到害怕。正在这时，阳台上的门口突然出现了一个35岁左右的男子，身穿绿色西装，而且衣服上有血。维特吓得脸部白了。那人让维特把手表和金戒指

给他。突然有人敲门。那人用枪顶着维特的背，命令道："到门口去，就说你已经睡下了，不能让他进来。"

"谁呀？"维特问道。"韦尔曼警官。维特小姐，你这儿没事吧？"

听到这熟悉的声音，她内心平静了许多。"是的。"她答道。停了一会儿，她用稍大的声音说，"我哥也在问你好，警官！""谢谢，晚安。"不一会儿，巡逻车开走了。

"干得不错，太妙了。"那人高兴地大口喝起酒来。突然，从阳台上的门里一下子冲进来许多警察。没等那人反应过来，就给他戴上了手铐。"好主意，维特小姐。你没事吧？"韦尔曼警官关切地问道。

聪明的读者，维特的好主意是什么？

🎈 动物园守卫之死

一侦探驾车经过动物园，差点撞到一个急着过马路的人。侦探问："怎么回事？"

"哦，不好了，那个动物园的守卫死了。"

"带我去看一下。"

他们来到了动物园门口，那人讲述了当时的情景："今天我正在散步，突

然一辆红色小轿车从我身边驶过，而后我看到那辆汽车的尾灯亮了。接下来，我就听到几声枪响，往动物园看时，那只长颈鹿在绕着圈子嘶鸣着。于是我走近看，发现守卫也死了，我便想去报警，不巧路上碰到了你，我们快去看一下吧。"

说罢，他们看了守卫后，又看了长颈鹿。长颈鹿是被打中了颈部而死的，守卫被一枪致命。

勘查后，侦探将那人拷住，说道："跟我走一趟吧。"

聪明的读者，侦探为什么这样做？

半块苹果馅饼

这是一个发生在十九世纪初的真实的著名案例。

伽罗瓦（Galois，1811～1832）的一位老朋友鲁柏突然在家中被人刺死，家里的巨款也被洗劫一空。鲁柏所在公寓的女看门人告诉伽罗瓦，警察勘察现场时，发现鲁柏手里紧紧攥着半块没有吃完的苹果馅饼，不知是为了什么。她认为，凶手可能就在这所公寓里面，因为出事前后她一直在值班室，没有看见有人进入公寓。但是这所公寓有四层楼，每层有15个房间，居住着100多人，情况复杂，作案人究竟是谁呢？

伽罗瓦经过考虑，请女看门人带他到一间房间的门前停下来，问道："这房间谁住过？"

女看门人回答："米塞尔。"

"这个人怎么样？"

"爱赌钱，好喝酒，昨天搬走了。"

"这个米塞尔就是杀人凶手。"伽罗瓦肯定地说。

女看门人大为惊奇，问道："根据什么？"

聪明的读者，你知道是为什么吗？

狮子的微笑

马戏团的女驯兽师，在表演时被狮子残忍地咬碎头部而死。

这头狮子一直由她驯养，在此之前，她曾数百次钻进狮子的大口中当众表演，从未失败过。然而就在这一天，当她将头伸进去时，不知为什么狮子显露出好似微笑的表情，突然一口咬碎了女演员的头部。

在表演前，已喂给其足够的肉，绝非是饿了，而且也全无发情期脾气暴躁的迹象，难道还是野兽所特有的无常的残暴性所致吗？

尽管如此，令人不可思议的是狮子的微笑。那可怕的微笑到底意味着什么呢？

聪明的读者，你知道是为什么吗？

摔碎了的金鱼缸

大和郡山市盛产金鱼，数量为全日本第一，年产量约44万尾。

某个夏日的下午3点钟，从事金鱼研究的专家久我京介去朋友A氏家，一进门便大吃一惊。他的朋友A氏倒在临院的凉台上死了，看上去是头部被击打，脑后部渗出了鲜血。

在死者旁边有一个摔碎了的圆形金鱼缸，几条金鱼也已经死了。可能金鱼缸原是放在凉台的桌子上，当被害人遭到袭击而进行反抗时被碰掉在地上摔碎的。这个凉台是排水性能良好的水泥地面，并且正暴晒在盛夏灼热的阳光下。

久我京介报告了警察。刑警迅速赶到现场开始了搜查。"金鱼缸里流出来的水已经被太阳晒干了，可金鱼并没被晒干。这样可以说明金鱼缸摔碎的时间并不长。如果已经过了好几个小时，在阳光的直射下，小金鱼早已被晒干了。"老练的刑警看着凉台上的金鱼说着。

调查后，刑警凭借有力的证据抓到了嫌疑犯。他是被害人的义弟。在作案当天上午11点钟左右，附近的人们偶然发现他从被害人家的后门悄悄地溜了

出来。可那之后，他有确实的当时不在作案现场的证明。

"4个小时前他离开的现场，如果他是罪犯，摔落在凉台上的金鱼早应该被晒成鱼干儿了。"刑警这么嘟囔着。金鱼研究专家久我京介听到后开口道："不，他使用了巧妙的手段使金鱼不致被晒干，那样就可以在作案的时间上做手脚，使自己当时不在作案现场的证明得以成立。"久我京介这样一针见血地撕破了罪犯的伪装。

聪明的读者，罪犯用的是什么手段呢？

毒蘑菇凶杀案

在某小河上游的一个山冈草地上发现了一具男尸。现场在一棵大树下的一顶帐篷里，死因是毒蘑菇中毒，像是晚饭时吃了从森林里采来的毒蘑菇。

然而，当小月调查得知死者是一个徒步旅行的老手时，只看了一眼现场，就马上下了定论。

"即使死因是食用蘑菇中毒，也并非事故死亡，而是他杀！是凶手让死者吃了毒蘑菇后死亡的，之后又将尸体搬到这里，伪装成在帐篷内误食毒菇死亡的现场。"

聪明的读者，理由何在呀？

说谎的医生

王医生在警局录口供，他牵涉到一名富商被杀的案件。

张探员问："你是在案发前到死者家中为其看病的吗？"王医生说："是的。"

"他为何在浴室暴毙呢？整个浴室连天花板都湿透了。""是……他在浴室淋浴时中风而死的。""唔……浴室的针药是你的吗？"

"是，我从手提包拿出来准备替他医治的！""咦？温度计粉碎了？"是，不小心摔破了。""王医生，病人究竟是什么病让你来的呢？""心脏病！""可是，你又说他是中风而死的。""呃……是中风……而令心脏病发作！""王医生，我认为你有杀人的嫌疑，因为你利用了热水炉行凶！"

聪明的读者，张探员为何这样肯定呢，有什么根据？

1257 案件

一天黎明，某市公安局接到了报案电话，称信用社50万元人民币被盗。公安局赵局长当即指派了几位精明强干的同志，组成了侦破小组，并向本市交通、运输、邮电等部门发出了紧急通报。

第二天晚上10点多钟，开发区邮电所的王所长急急忙忙拿着几封电报跑进了公安局的大门，他上气不接下气地对正在值班的侦查科肖科长说："肖科长，刚才有个男的，一下子发了10封电报，内容都是一样的，都只有'1257'四个数字，我觉得这件事有点儿怪，您看会不会跟那个案子有关？"肖科长接过王所长手里的那10封电报一看，内容的确都是一样的，是分别发往附近几个区县的，发报人的姓名和地址都是相同的。肖科长立即召集所有值班的侦查员开会研究，大家通过分析电报的内容，终于得出了结论，发报人就是罪犯。

聪明的读者，公安人员到底是如何根据电报的内容判断出发报人就是罪犯呢？

咬死主人的狗

星期一中午，张会计师在同别人通电话时，被他自己的狗咬死了。最近张会计师外出旅行一个月，不能亲自养狗，所以委托好友李先生代劳。

警官检查了现场，听了李先生的报告：他在星期一的早晨，把狗带回张的家中，而张被狗咬死时，他正在研究所实验室里。研究所离张家有 5 公里之遥，纵使张不在家的一个月中，李刻意将狗训练成会咬人的狗，也不可能从 5 公里之遥的地方，发号施令指挥狗咬死张某。

警长干净利落地肯定了真正的凶手就是李。是他设下圈套，让狗咬死了张某。

聪明的读者，警长是怎样判断的？

[答案]

五个海盗

答案：97，0，1，2，0或者97，0，1，0，2。

思路是这样的：

如果最后只剩下海盗4、海盗5，那么海盗5必反对，海盗4死定了（海盗4就算分0、100，海盗5也反对，因为能多杀一个人。最后只剩下海盗5，海盗5也能全得到）；

所以海盗4如果能够分到的话，不可能等到只剩下海盗4、海盗5；

所以海盗3的分法是：100、0、0（海盗4必须赞同，否则海盗3被PASS，就只剩下海盗4、海盗5）；

海盗2的分法是：98、0、1、1（海盗4能够得到的话当然赞同，海盗5也一样，因为到了海盗3分的时候，结果是100、0、0）；

所以海盗1的分法是：97、0、1、0、2，或97、0、1、2、0（按海盗2的分法，海盗3得0，所以海盗3只要得1就能投赞成票，海盗4、海盗5只要争取一个就可以了）。

说谎岛

答案：设：A是X部落的人。

（1）如果A遇见的B是X部落的人，那么，B就说自己是X部落的人（因X族人是说真话的），这时，A向旅游者如实地传达了这个回答。

（2）如果A遇见的B是Y部落的人，那么，B也会说自己是X部落的人（因Y族人是说假话的），这时，A也向旅游者如实地传达了这个回答。

设：A是Y部落的人。

（1）如果A遇见的B是X部落的人，那么，B就说自己是X部落的人，由于A是Y部落的人，他是说假话的，所以，他会把B的回答向旅游者传达为"B说他是Y部落的人"。

（2）如果A遇见的B是Y部落的人，那么，B就说自己是X部落的人，而A也会把B的回答传达为"他说他是Y部落的人"。

从题目的给定条件可知，A对旅游者传达的话是："他（指B）说他是X部落的人。"可见，假定A是Y部落的人时得出的（1）、（2）两个结论，都是与题目给定条件相矛盾的；只有前一个假定（即假定 A 是 X 部落的人），才符合题目给定的条件。所以，做向导的 A 是 X 部落的人。

 敲诈者之死

答案：现场的房间，装有空调设备，冷风机在工作，而窗户也开着，这说明罪犯是在停电中进行的。由于停电，冷风机停止工作，室内很热，被害者自己打开了窗户。

如果恢复送电后被害者还活着，冷风机又开始工作，他就会关上窗户。

停电中到过现场的，只有友田孝一郎和加藤真由美，那么，被害者是被谁的氰酸钾毒死的呢？

氰酸钾不密封保存，长时间与空气接触，便会变成碳酸钾，失去毒性。真由美所持的氰酸钾用纸包了两年，已经失去毒性。

因此，凶手是友田孝一郎。

 画家

答案：凶手是江晓婷。在唐镇山的房间里早已装了窃听器，案发当日李皓忘了打开，但那纯属偶然，所以凶手绝不可能是吴治顺，因为他知道李皓会在

隔壁窃听，不会笨到自己杀人。所以只有宋和江的嫌疑最大，因为他们不知道有李皓这号人物存在。但是由掉在尸体边的打火机来看，一定是有人故意嫁祸于吴治顺！宋并不认识吴，所以他也没有机会盗取吴的打火机，只有吴的妻子江晓婷才有可能。因为她憎恨唐镇山用情不专，更厌烦了年老的丈夫，所以希望他们两人都从此消失，因此，真正的凶手是江晓婷。

 谋杀案

答案：根据（1）、（2）和（3）谋杀发生时，有关这五个人所在地点的情况是：

有一个男人在酒吧里，凶手在海滩上，有一个子女一人独处。

有一个女人在酒吧里，被害者在海滩上。

于是根据（4），或者是艾丽斯的丈夫在酒吧，艾丽斯在海滩；或者是艾丽斯在酒吧，艾丽斯的丈夫在海滩。

如果艾丽斯的丈夫在酒吧，那么和他在一起的女人一定是他的女儿，一人独处的是他的儿子，而在海滩的是艾丽斯和她的哥哥。于是艾丽斯和她的哥哥两人中，一人是被害者，另一人是凶手。但是根据（5），被害者有一个孪生

同胞，而且这个孪生同胞是无罪的。因为现在只有艾丽斯和她的哥哥才能是这对孪生同胞，因此这种情况是不可能的。所以艾丽斯的丈夫不在酒吧。

因此，在酒吧的是艾丽斯。如果艾丽斯在酒吧，那么同她在一起的或者是她的哥哥或者是她的儿子。

如果她是同她的哥哥在一起，那么她的丈夫是和一个子女在海滩。根据（5），被害者不可能是她的丈夫，因为其他人中没有人能是他的孪生同胞；从而凶手是她的丈夫，被害者是一个子女。但这种情况是不可能的，因为这同（6）相矛盾。因此，艾丽斯在酒吧不是同她的哥哥在一起，而是同她的儿子在一起。于是，一人独处的是她的女儿。所以，艾丽斯的丈夫是和艾丽斯的哥哥一起在海滩。根据与前面同样的道理，被害者不可能是艾丽斯的丈夫。但艾丽斯的哥哥却可以是被害者，因为艾丽斯可以是他的孪生同胞。因此艾丽斯的哥哥是被害者。

白马王子

答案：四位男士中，只有三个是高个子，只有两人是黑皮肤，只有一个相貌英俊。有三位男士是高个子，另一位不是高个子。接着，根据（4）和（5），戴夫不是高个子。

根据（2），戴夫至少符合一个条件；既然他不是高个子，那他一定是黑皮肤（只有玛丽心目中那位唯一的白马王子才是相貌英俊的，但他又必须是高个子）。根据（1），只有两位男士是黑皮肤。于是根据（3），亚历克和比尔要么都是黑皮肤，要么都不是黑皮肤。由于戴夫是黑皮肤，所以亚历克和比尔都不是黑皮肤，否则就有三位男士都是黑皮肤了。根据（1）以及戴夫是黑皮肤的事实，卡尔一定是黑皮肤。由于戴夫不是高个子，亚历克和比尔都不是黑皮肤，而卡尔既是高个子又是黑皮肤，所以卡尔是唯一能够符合玛丽的全部条件的人（因而他一定相貌英俊）。

总而言之：亚历克是高个子；比尔是高个子；卡尔是高个子，黑皮肤，相貌英俊；戴夫是黑皮肤。

面具

答案：真正的凶手是他的助理。因为他死的时候是戴着面具死的。对于他的情人和弟弟，他是从不掩盖自己的容貌的。

床下的秘密地道

答案：是钢琴的3、2键。

旅馆幽灵

答案：斯坦纳在看《希伯来日报》，其实他根本不懂希伯来文。希伯来文与阿拉伯文一样，是从右向左写的，而他却是从左到右一行一行地往下看，从而露出了破绽。

不速之客

答案：海尔丁要抓第二个进他房间的男人。因为如果这个男人认为这是他自己的房间，那么进去时是不会敲门的。

间谍

答案：从条件（1）和（6）可以知道，英国旅客坐在B先生的左侧，窗子在英国旅客的左边，所以英国旅客坐在靠窗一边，而B先生是挨过道边坐的。

从条件（3）知"穿黑色大衣者坐在德国旅客的右侧"，可推出德国旅客坐在B先生对面靠过道一边；穿黑色大衣的旅客坐在英国旅客对面，也是靠窗坐的。

而条件（4）则明确指出："D先生的对面坐着英国旅客"。由于四人中英、德两国籍的旅客的位置已确定，所以他俩对面的旅客绝不可能是D先生，D先生只可能是德国和英国旅客两者中的一个。假定德国旅客是D先生，那么根据条件（3）、（4），B先生便是美国人了，于是坐在D先生旁边的穿黑色大衣的便是俄国旅客，这显然与条件（5）"俄国旅客身穿灰色大衣"相矛盾，所以假设不成立，D先生绝不是德国旅客，而是英国旅客。既然英国旅客对面坐的是美国的旅客，那么他旁边坐的B先生便是俄国旅客，身穿灰色大衣。

从条件（2）可知，A先生是穿褐色大衣的，所以他只可能是德国旅客。剩下的是美国旅客就是C先生。

珠宝失窃案

答案：海尔丁怀疑爱默生小姐。爱默生小姐为了摆脱比夫的纠缠而设计了这一切，她想让海尔丁怀疑是比夫爬着竹竿进了她的窗户。但是，既然她声称自己谁也没看见，又怎么会在枪响之前突然尖叫呢？

奇怪的脚印

答案：黑川美和子是倒着走出运动场的。现场上留下的高跟鞋印，是美和子犯罪后从现场离去的脚印。她和山本幸男来到运动场时，谎称脚痛，求山本

辛男背着她从值班室来到运动场，到运动场中心时，她将小刀刺进了山本幸男的颈部，将他杀害了。因此在现场只留下山本幸男的木屐脚印。

 秘密被盗

答案：段五郎识破小岛诡计，就是靠那只苹果。原来在苹果表皮的细胞里，含有一种叫氧化醇素的物质。平时它被细胞膜严密地包裹着，不与空气接触，但一旦细胞膜破了，那氧化醇素就与空气中的氧气发生了氧化作用，结果导致苹果变了色。小岛咬过的苹果还没有变色。如果真像小岛所说30分钟前被人麻醉昏倒的话，那么苹果的颜色理应变了。

 冠军的秘密

答案：比赛开始时先量一下乔安的小腿肚，然后比赛结束时再量一下。在跑完26英里后，运动员小腿肚的周长大约会增加1英寸左右。

 真假新娘

答案：是问那位珠光宝气的浅黑肤色女士。她的结婚戒指在左手，这是美国风俗。而那金发女士的结婚戒指戴在右手，这是德国风俗。康拉德·布朗斯

的新娘子是德国人。海尔丁为了看清她们如何戴结婚戒指，故意让她们演奏钢琴曲。

 破绽在哪里

答案：因为鹿是不会叫的！

 箱子失踪之谜

答案：窗口上的蜘蛛是作案后放上去的。伊平拆下仓库天窗的两根铁栅栏后，从那里潜入，盗走箱子，然后在窗口上放了几只蜘蛛，只要三只蜘蛛，足够在第二天清晨的时候织上网，因此即使没有铁栅栏，仓库仍好像处于密封状态。

 伪钞票

答案：伪造钞票的罪犯是考纳先生。因为克鲁伯收款时，考纳给他一张马克的钞票，没有其他钞票对比，所以克鲁伯没有识别出来。而其他两位旅客付两张或三张100马克的钞票时，真假钞票混在一起，由于票面颜色的深浅不相同，容易被人识破。

 一个悲剧故事

答案：一个断水五天的人是不会有汗的，而斯科特擦汗，就证明他根本没

有断水五天时间！

失窃的圣经

答案：泰德打电话给海尔丁时根本没有上楼，他无从知道二楼藏书室的门到底是怎么样被打开的，而他在电话里却能准确说出是"门上的铰链被取了下来"。

保险柜和酬金

答案：沙漏放到了煤气炉旁。

为此，煤气炉发热使得沙漏的玻璃膨胀，漏沙子的窟窿也随之变大，沙子很快落下，所以，即便上部玻璃瓶的沙子全部落到下面，其实也没到10分钟。

消失的凶器

答案：杀手将袜子里装满沙子，以此当凶器将社长打死。作案后，再将沙子倒回鱼缸中，然后穿上袜子正要逃跑时，被赶来的警备员抓获。在袜子这种长长的口袋中，装满沙子抡起来，也可以成为可怕的凶器。

一小时后的射杀

答案：罪犯在门槛上放了一大块干冰，再在上面放上绑在绳子一端的石头。

这样一来，随着干冰挥发变小，石头便往下坠。由于石头重，拉直了绳子，所以勾动了扳击，射出子弹。待到尸体被发现时，干冰已挥发得一干二净。

看不见的开枪者

答案：凶手将长长的钓鱼线系在扳击上，再将另一端系到洗衣机脱水装置的旋转轮上。然后调整自动定时器后离去。

这样一来，不久自动定时器启动，脱水机一旋转，钓鱼线缠到脱水轴上扣动扳机。而且，钓鱼线被拉断后缠进脱水轴上，之后洗衣机的开关也自动切换停止脱水。

奇怪的血型

答案：该被害人的血型为 O 型和 A 型。这是极特殊的事例，就是说被害人一个人拥有两种血型。将此称为血型嵌合。

另外，双胞胎的一方也常有两种血型，将此称为血型嵌合体。

雪夜的伪证

答案：警察看到房檐下的雪都化成了冰溜子，马上就识破了对方的谎言。

昨天刚下的雪，一早晨就成了冰溜子，这是因为昨晚家中生了炉子的缘故。也就是说，这个单身汉昨晚一直在家，说是去旅行了，纯粹是谎话。

 ## 抢劫现金运输车

答案：挡在现金运输车前面的轿车和紧随其后鸣着喇叭的客货两用车，都是抢劫现金的同伙。

那么，他们是如何从门锁完好无损的现金运输车中盗出 3 亿日元的呢？

首先，用轿车挡住现金运输车的前方，装作引擎熄火，以便制造作案时间。然后，抓住运输车走又走不了，强退又退不得的时机，罪犯从后面客货两用车的底部出口钻出，贴着马路爬到运输车下面，再用小型电动切割机将运输车底部切开个洞，盗出现金保险箱。电动切割机的声响被四周汽车的喇叭声所淹没，以致运输车上的保安人员没有察觉到。罪犯盗出现金保险箱后，又原路返回客货两用车中，然后再用对讲机通知前面轿车上的同伙。那女子收到信号后，即发动车子逃离现场。

 ## 喋血晚会

答案：现在，罐装饮料的瓶口开启方式有两种，一种是压入罐中，一种是

向外开。日本的啤酒及可乐类现大多是压入型的，所以如将毒涂在上面，一开罐毒就会掺入饮料中。

悦子避开了这种压入式而选择了向外开启的一罐饮料。

 ## 风姿绰约的女盗

答案：很幸运，一辆大型牵引式货车同她是同一个方向行驶。梅姑钻进了大货车的阴影里与货车并行，所以一点儿也没晒着。

 ## 巧夺王冠

答案：把地毯从一端卷起来接近王冠。这样，稍一伸手就可拿到王冠了。

头等车厢的惨祸

答案：这位妇女看到干草垛失火，以为出了什么事，就从车窗探出头眺望。这时，在错车线的家畜货车正好驶过，车上拉的全是牛，这些牛因为火灾受惊，隔着栏杆伸出长长的牛角。牛角尖偶然刺中了被害人的头部。

 ## 特快专递

答案：使用信鸽即使几百公里远也可以飞去。它的平均时速可达每小时 50～60 公里。所以，江户到京都只需

半天时间。

犬证

答案： 因为抬腿小便的是公狗，母狗是不抬后腿小便的。不仅如此，那家伙还把公狗当成了母狗，叫了母狗的名字，如果他真是这家的主人，绝不会叫错名字的，更不会搞错公母的。

因是长毛狗，盗贼从外表上分辨不出狗的性别，无意中叫了狗的名字，另外，小狗所以与那家伙嬉戏，是因为他潜伏在那家室内期间喂过它好吃的东西，又抚摸过它。

猫和手枪

答案： 罪犯离开这个房间时，给猫注射了麻醉剂让它睡觉。

两个小时后，猫睁开眼睛，发现绳端挂着松鱼干便跳着抓住。此时绳子牵动扳机，手枪射出了子弹。

此时，罪犯已经远远地逃离了现场，所以制造出不在现场的证明。

密室枪杀案

答案： 罪犯是从破坏的窗户玻璃洞伸进手枪，并开枪打死头目的，然后将手枪扔进室内逃跑，同时又将几只蜘蛛放到了窗台上。

其中一只蜘蛛在天亮时又拉了一张网，使房间形成了密室，并且凶器又在室内造成了罪犯在室内开枪自杀的假象。

窗栏杆的秘密

答案： 新更换的换气窗铁栏杆，其中的两根是用形状记忆合金材料制的。

所谓形状记忆合金，是在一定的温度下可以记忆其原来的形状。其特性在于在温度比其低时，不管形状怎样改变，一旦到了一定温度就会复原。这种奇怪的合金被广泛地用于火灾报警器、恒温箱、眼镜架、玩具及医疗器械等日常生活用品之中，尤其是双向记忆合金可以记忆高温和低温时两种原状。

当K氏委托装修店更换换气窗的铁栏杆时，梅姑收买了装修店的修理工，在更换栏杆时用了二三根双向性记忆合金。因此，当去行窃时用焊枪烤那两条记忆合金，栏杆就会成"人"字形弯曲状，加大了间隔宽度，再从中钻进去，打碎玻璃后拨开插销进屋。

越狱计划

答案： 那6人乐队都是梅姑的同伙。他们把大提琴分解扔到操场的角落里，以便梅姑能躺在大提琴箱子里。梅姑从几天前就开始节食，体重减轻了许多。

横沟正史的《蝴蝶杀人案》中也有将尸体藏在大提琴箱子里运往大阪的作案手段。

食兔中毒案

答案： 毒素是放在活兔肚子里的。

阿托品这种毒素含在茄科物中，罪犯用有毒植物的叶子和果实喂兔子，草食动物和鸟类有毒植物有一定的免疫功能，兔子的免疫性能更强。一只兔子可以承受比人高出百倍的毒量。

将那只活兔作为礼品，谁也不会怀疑那么活蹦乱跳的兔子体内竟有毒。

奇怪的煤气中毒

答案： 罪犯是在前一天晚上悄悄溜进车库作的案。

第二天早晨，当被害人想出车时，发现一个轮胎气太足了，这样车跑起来会出危险，便拧开气门芯想稍放些气。就在这一刹那，剧毒的氰酸钾气体喷射出来，使其吸毒身亡。

这一作案手段，在美国推理作家阿萨·鲍吉斯的短篇里出现过。当你检查汽车轮胎时，可要千万当心呀。

斯皮兹狗之死

答案： 罪犯将细香肠塞进煤气橡皮管口处，并且不仅给被害人服用了安眠药，同时也给斯皮兹狗也服了安眠药，让他们睡着后，下午8点左右，打开煤气开关离开现场。这样，虽然煤气开关被打开了，但橡皮管口被塞住，煤气也无法流通，但到了深夜10点左右，狗醒来后发现了香肠，想吃掉它，咬住后拔了出来，于是，煤气大量泄漏出来，约30分钟后被害人中毒死亡。

当然，斯皮兹狗也会一起死去。罪犯如果不用绳索拴住狗，狗会被喷出的煤气惊动后撞开门，如果隔扇打开，煤气会扩散开来，短时间内也不能使被害人中毒死亡的。

奇怪的触电死亡

答案： 这种鱼是产于非洲的电鳗。

由于停电，在黑暗中，当社长的儿子与盗贼搏斗时，将大鱼缸碰翻掉在地板上摔碎了，电鳗便爬到地板上，而且碰到了盗贼的身体，使其触电死亡。

电鳗属于硬骨类电鳗科的淡水鱼。生存于南非洲，长成后，身长可达2米。尾部两侧各有2处发电器官，电压可高达650～850伏。如果碰到它会受到强电流的打击，连马匹都会被电死。

体育彩票

答案： 如果王的预言是对的，那么王得的是大奖，刘说的也是对的，与题中"只有一人是对的"矛盾；如果刘是对的，那么刘没有得大奖，得大奖的是邓，则邓说的也是对的，与题中"只有一人是对的"矛盾；由此判断，得大奖的是刘，王得的是一般奖，邓没有得奖。

停电之夜

答案： 看到鱼缸里的热带鱼在欢快地游动，刑警便识破了这个女人的谎言。

因为，在下大雪的夜里，如果真是停了一夜的电，那么鱼缸里的自动温度调节器也会断电的，到清晨时，鱼缸里的水就会变凉，热带鱼也就会被冻死的。

沙漠中的间谍

答案： 006号不在现场的证明不成立。骆驼背上只有一个驼峰就是证据。

骆驼有两种。一种是一个驼峰，一种是两个驼峰。一个驼峰的骆驼产于非洲撒哈拉大沙漠及阿拉伯半岛，两个驼峰的骆驼在中亚的戈壁大沙漠。所以，如果真是在戈壁旅行的话，骑的就该是两个驼峰的骆驼。

即便是相同的动物，因其生活的地区不同，形体也稍有不同。譬如印度象与非洲象相比，个头稍小，耳朵也小。另外鼻子尖处的突起物，非洲象有两个，而印度象只有一个。

临终遗言之谜

答案： 不要为数字所迷惑。

案件一：罪犯是小尾信也。

乍一看"0131"像是数字，但其实表示的是英文字母。也就是说，"0131"其实是"OBI"。由于8字的一竖写分家了，所以乍一看像是数字一样。

案件二：上下看颠倒了。

被车撞后仰面倒在路上的男子，将逃跑车辆的号码上下看颠倒了。

"6198"的数字如果上下倒过来看就成了"8619"了。也就是说，罪犯的真正车牌号是"8619"。

麻将杀人案

答案： 凶手是314室的高木和彦。

被害人手里握着的麻将牌。意味着圆周率的π（牌）。圆周率是3.1416…无限的数，一般是按3.14计算。

被害人因是数学教师，所以断气前的一瞬间，抓到身旁的一牌，告诉调查者凶手是 314 室的人。

河边的照片

答案：搭帐篷处的河床上的小石头子，都是光滑的、圆圆的，这一点可疑。所以这是在下游拍的照片。因为河上游的石头都凹凸不平，是在从上游至下游的滚动过程中磨光了棱角，而变成了圆圆的石子。

手表指认凶手

答案：因为死者说是 20 点 47 分，所以带数字式手表的人是凶手，若看到表盘式手表的人一般会说 8 点 3 刻或 8 点 50 分。

密林深处的血迹

答案：人体血液中盐的含量远远超过动物血液中盐的含量，西科尔以他敏感的舌尖品味一下两行血迹即可鉴别出来。

驯马师之死

答案：罪犯是金发女郎。她自称血迹是"刚才在他身上蹭到的"，实际上那时彼特已死了 8 个小时。他的血已结

成冰，不可能会蹭到她袖子上去。

封闭的房间

答案：冈本待被害者睡熟后，先在门的四边把封条贴上一半，然后打开煤气开关。他走出房间关严门，再用吸尘器的吸口对准门缝，这样剩下的一半封条被吸尘器一吸，就紧紧地贴在门和门框上，造成了被害者自杀的假象。

绑票者的真面目

答案：这个绑票的凶犯是赎金寄达地所在邮局的邮差，因为除他以外，没有人能够收到，而且也不会引起怀疑。办理邮包业务负责人也可能拿到赎金，但问题是无法确定 G 董事长在哪一个邮局投寄赎金，所以能够收到的人只有收件当地的邮差。

骨斑辨尸

答案：死者骨骼上的黑斑通常是硫化铅的痕迹，证明死者生前曾接触过大量含铅尘毒。侵入体内的铅有 90% ～ 95% 会形成难溶的磷酸铅沉积于骨骼中。由于无名尸体沉泡在塘底，塘泥与尸体腐败后产生的硫化氢气体与骨骼中的沉积铅发生化学反应，生成硫化铅，从而形成黑色骨斑。艾克斯博士

就是据此断定死者应是重金属冶炼厂的操作工人或附近的居民。

 话中有话

答案：韦尔曼警官是维特的朋友之一。所以他知道，维特没有哥哥。当维特得知门外是警官时，便故意说她哥哥也问韦尔曼好，他就明白是怎么回事了……

 动物园守卫之死

答案：长颈鹿不会叫！

 半块苹果馅饼

答案：馅饼的英文单词是"pie"，读音和圆周率的代表符号 π 一样。

这个符号的值前三位是 3.14，由于楼高 4 层，每层有 15 间，存在 314 号房间，伽罗瓦去的正是 314 号房，这个房间房客在凶杀发生后搬离，嫌疑最大，所以伽罗瓦推断他是凶手。

由于每一层没有 57 间房子，所以不会是 π 的一半 157。

 狮子的微笑

答案：狮子打喷嚏了。

凶手在女驯兽师的头发上撒了刺激性很强的痒痒水或生发水，所以狮子鼻子发痒一打喷嚏，就咬碎了刚好伸进嘴里的驯兽师的头。

狮子流露的可怕微笑，其实是准备打喷嚏的表情。

 摔碎了的金鱼缸

答案：把金鱼冻在冰块里，就可以延长金鱼被晒干的时间。

 毒蘑菇凶杀案

答案：既然是老手，那么帐篷就不该搭在树下，应该搭在空旷的地方，否则会被雷击的。

 说谎的医生

答案：王医生的回答破绽百出。他先说病人是因心脏病发作唤他来急救的。但后来又改口说病人突然中风，从而露出破绽。不过这还不能令张探员肯定他行凶。最重要的是整个浴室连天花板都湿透了，张探员由此推测，杜医生趁死者心脏病发作晕倒在地上时，刻意开着热水炉让室内变成了高温，然后关上浴室的门。浴室内就变成了高温的蒸气浴室，由于温度超常，甚至连温度计都受不了而爆裂。莫说是心脏病的病人，这连普通人都要送命。

他家去分赃款。

 1257 案件

答案：罪犯为了隐蔽，在电文中没有使用明白的文字，而是利用了音乐简谱中的四个音符"1257"作为密码，即谐音"都来收息"，通知他的同伙们到

 咬死主人的狗

答案：李先生训练狗在电话铃响的时候咬人，然后在星期一通过打电话给张会计师，来向狗发出咬人的命令。